# KompaktWISSEN
# Kinder unter 3 Jahren

## Methodik und Didaktik in Krippe und Kita

von H. Brigitte Rüther-Dahlmanns

Handwerk und Technik – Hamburg

Liebe ist das Einzige, was wächst,
indem man es verschwendet

*Ricarda Huch*

## Prolog aus der Sicht eines Kleinkinds

Was wir Kinder unter 3 brauchen, sind zuerst einmal Eltern und Menschen, die uns willkommen heißen, die uns versorgen mit Essen, Trinken und Zuneigung. Das gibt uns Vertrauen in uns selbst. So können wir neugierig und interessiert die Welt erobern. Wir wollen nämlich lernen, entdecken, alles anfassen und ausprobieren. Wir sind neugierig auf alles: andere Erwachsene, andere Kinder, neue Räume. Wir möchten, dass unsere vertrauten Menschen immer für uns da sind und sich gut verstehen. Wir brauchen Erwachsene, die uns etwas zutrauen. Ach ja, nicht alles, was wir können und wissen, kommt von euch! Wir haben nämlich den Drang, uns selbst etwas beizubringen, wir gucken auch viel von euch und anderen Kindern ab. Ihr Erwachsenen müsst uns einfach „ausprobieren lassen", aber, wenn etwas mal richtig schiefgeht, brauchen wir auch eure Hilfe und Trost. Wir kuscheln und lachen nämlich gern.

Noch etwas, wenn wir schon ganz genau wissen, dass Mama und Papa uns lieb haben, möchten wir auch gern mal raus von zu Hause: mit anderen Kindern spielen, anderes Spielzeug und eben all das, was wir zu Hause nicht haben.

Ihr braucht euch keine Sorgen um uns zu machen. Geht ruhig wieder an euren Arbeitsplatz oder was ihr sonst unternehmen wollt. Ihr wollt doch auch mal raus von zu Hause, mit anderen Erwachsenen reden, Neues lernen und entdecken, Geld verdienen, eben zeigen, was ihr könnt. Am besten, ihr beredet das vorher mit den Leuten, die dann auf uns aufpassen. Die verstehen nämlich was von kleinen Kindern. Es ist ihr Job, Schönes, Lustiges, Interessantes mit uns zu erleben.

Es klingt ein bisschen komisch, einerseits wollen wir eure Fürsorge und auf der anderen Seite möchten wir, dass ihr uns loslasst. Tag für Tag wollen wir ein Stück selbstständiger werden. Manchmal findet ihr das gefährlich, frech und unnötig. Mag sein, aber wenn wir etwas allein geschafft haben, sind wir stolz auf uns – und ihr könnt es auch sein!

# Vorwort

Der Ausbau der Einrichtungen für frühkindliche Betreuung ist vorangekommen. Die folgende Grafik dokumentiert den Zustand in Deutschland 2012. Um dem Bedarf auch qualitativ gerecht zu werden, müssen die vorhandenen sozialpädagogischen Ressourcen jedoch noch weiter ausgeschöpft werden.

**Abbildung 2: Betreuungsquoten, Betreuungsbedarf sowie Differenzen zwischen Betreuungsquote und Betreuungsbedarf in Prozent nach Altersjahren in Deutschland 2012**

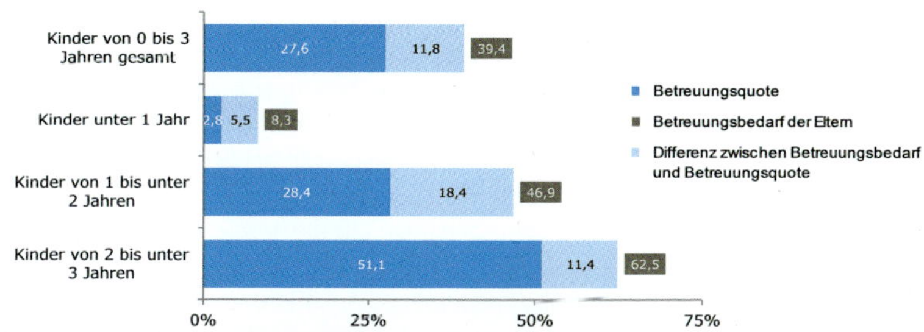


*Quelle: Statistisches Bundesamt: Statistiken der Kinder- und Jugendhilfe. Kinder und tätige Personen in Tageseinrichtungen und Kindertagespflege 2012; Berechnungen der Dortmunder Arbeitsstelle Kinder- und Jugendhilfestatistik; Deutsches Jugendinstitut: Ergebnisse der repräsentativen Länderbefragung zu den Betreuungsbedarfen der Eltern von Kindern unter 3 Jahren 2012.*

Der Band **Kompakt Wissen** richtet sich an das gesamte sozialpädagogische Berufsfeld im Kinder-unter-3-Betreuungsbereich:

- Berufserfahrene Erzieherinnen, Kinderpflegerinnen, Sozialassistenten, die sich an ihrem Arbeitsplatz auf die neue Aufgabe der Betreuung von Säuglingen und Kleinkindern einstellen müssen
- Tagesmütter und -väter
- Berufsanfängerinnen

Anliegen ist es, altersbezogene methodisch-didaktische Kenntnisse in kompakter Form zu vermitteln und aufzufrischen.

Dabei bauen alle Ausführungen auf Basiswissen sozialpädagogischen Handelns auf. Um zu verdeutlichen, **wie** der pädagogische Umgang mit Kindern unter 3 sich gestaltet, sollte bei den dargestellten Beispielen immer der Vergleich mit sozialpädagogischen Handlungsweisen beim Kindergartenkind gezogen werden. Auch wenn die grundsätzlichen Ansätze gleich sind, benötigt die Altersgruppe der Jüngsten die Bereitschaft ihrer Betreuerinnen, sich gefühlsmäßig auf sie – Säuglinge und Kleinkinder – einzulassen. Die pädagogische Fachkraft handelt in der Rolle der verlässlichen **Bezugsperson auf Zeit**, stellvertretend für die von zu Hause her vertrauten Bezugspersonen – und dies in der sensiblen Phase des Bindungsaufbaus. Daher muss sie ihre persönlichen und menschlichen Kompetenzen kompromisslos in den pädagogischen Prozess einbringen.

**Verwendete Begriffe:** Es wird, unabhängig von Berufsbezeichnung und Berufsabschluss, von Fachkräften, **Betreuungspersonen, Betreuerinnen, (sozial)pädagogischen Fachkräften** gesprochen.

Die weibliche Form steht für beide Geschlechter. Der Begriff **Eltern** meint die biologische und rechtliche Verbindung. Von **Erziehungsberechtigten** wird nur gesprochen, wenn es allein um die rechtliche Vertretung geht. Der Begriff **Bezugsperson** steht als übergeordnete Bezeichnung der aktuell verantwortlich handelnden Person.

Die Kinder unter 3 (Ku3) werden mit Säugling, Baby und Kleinkind bezeichnet. Bis zum „eigenständigen Laufen" bzw. Standortwechsel (krabbeln, sich an Gegenständen entlanghangeln) sind sie Säuglinge oder Babys, anschließend werden sie als Kleinkind bezeichnet. Die Zäsur wird auch bei den sprachlichen Kompetenzen gewählt: Wenn das erste zielgerichtete Wort – korrekte Semantik, Syntax und Phonetik spielen dabei keine Rolle – benutzt wird, greift die Bezeichnung Kleinkind.

Die praktischen Beispiele dienen als Anregung und Anknüpfung zum Finden eigener pädagogischer Wege. Die wörtlichen Reden sind in einer fiktiv kindgemäßen Wortwahl gehalten, enthalten gelegentlich Verniedlichungen und persönlich geprägte Koseworte sowie Formulierungen aus der Kleinkindsprache. Eine komplette Imitation ist nicht empfehlenswert, jede Person hat ihren eigenen, persönlichen Sprachstil. Nur die authentische Sprache besitzt Glaubwürdigkeit und transportiert Inhalte.

ISBN 978-3-582-**47791**-0

---

Das Werk ist Teil der Reihe KompaktWISSEN.



Verlag Handwerk und Technik GmbH,
Lademannbogen 135, 22339 Hamburg; Postfach 63 05 00, 22331 Hamburg – 2014
E-Mail: info@handwerk-technik.de – Internet: www.handwerk-technik.de

Layout und Gestaltung: alias.medienproduktion GmbH, 12526 Berlin
Satzausführung: Reemers Publishing Services GmbH, 47799 Krefeld
Umschlagbild: nach Grundlage von Fotolia Deutschland, Berlin, www.fotolia.de: ©scusi
Druck: DZA Druckerei zu Altenburg GmbH, 04600 Altenburg

# Inhaltsverzeichnis

# PRO UND KONTRA FÜR FRÜHKINDLICHE BETREUUNG IN KU3-EINRICHTUNGEN

1

Die Auffassungen sind sehr kontrovers. Einige Erkenntnisse und Schlussfolgerungen aus wissenschaftlichen Studien und der Forschung werden im Folgenden kurz zusammengefasst. Ergänzende Informationen sind in den entsprechenden Kapiteln und vertiefender Literatur zu finden.

## Die klassische Bindungstheorie (1958) von John Bowlby

Bowlby, ein englischer Kinderpsychiater und Psychoanalytiker, vertritt die Auffassung, dass die Mutter die zentrale Bindungsaufgabe hat. Trennungsphasen sah er als bedenklich an, weil Kleinkinder aufgrund instabiler Gedächtnisleistungen den Bindungsstatus bei längerer Trennung quasi „vergessen". Demzufolge kann ein Kleinkind keine kontinuierliche Bindung aufbauen. Lediglich kurze Trennung für den Zeitraum einer Erledigung sei für das Kind zu verkraften.

## Die NICHD-Studie

Das National Institute of Child Health and Human Development (NICHD, Washington, USA) beobachtet und dokumentiert seit 1991 bis heute die Entwicklung von ca. 1.000 Kindern unterschiedlicher familiärer Herkunft. Auf die Frage „Was ist besser: Eltern oder Krippe?", wird festgestellt**: Schlechte Eltern schaden Kindern mehr als schlechte Krippen.** Diese Studie wird bis heute aktualisiert und stellt fest, dass frühkindlich fremd betreute Kinder etwas mehr Neigung zu Aggression zeigen, dafür aber in ihren sozialen, kognitiven und sprachlichen Kompetenzen besser entwickelt sind. Dies ist eine Chance für Kinder, die in einem anregungsarmen häuslichen Umfeld aufwachsen: Sie erhalten durch die familienergänzende frühkindliche Bildung und Betreuung kompensierende Entwicklungsimpulse.

## Gesundheitlicher Aspekt

Eine warnende Stimme kommt aktuell 2013 von **Rainer Böhm (Kinder- und Jugendarzt)** im Sozialpädiatrischen Zentrum Bielefeld-Bethel und seit 2012 Sachverständiger beim Familienausschuss des Deutschen Bundestags:

„Die kindlichen Stresshormonpegel in Krippen sind gesundheitsschädlich. Sie bedrohen die hochempfindlichen Nervenzellen des sich entwickelnden Gehirns" (Internetbeitrag bei „A.T. Kearney361grad"). Die „übermäßige Stressbelastung" in früher Kindheit sei der Grund, dass Kleinkinder mit langer Aufenthaltsdauer in der Krippe zu aggressivem, hyperaktivem und ängstlich-depressivem Verhalten neigen. In der NICHD-Studie wird ebenfalls eine solche Tendenz registriert, die aber in Relation zu anderen positiven Aspekten gestellt wird. Böhm bezieht bei seinen Ausführungen Chancen kompensierender Entwicklungsimpulse durch professionelle Früherziehung nicht mit ein und vertritt die Auffassung, dass Familien, die ihre Kleinstkinder zu Hause betreuen wollen, staatliche Unterstützung erhalten sollen (Betreuungsgeld).

### Anthropologische Studien

In anderen Kulturen werden sehr unterschiedliche Formen der frühkindlichen Erziehung und Betreuung praktiziert. Ein **kamerunischer Säugling** z. B. wird zunächst nur in den primären Bedürfnissen von seiner Mutter versorgt, für das „Herumtragen" und „Aufpassen" sind seine älteren Geschwister zuständig. In einem Stamm im brasilianischen Regenwald bleibt die Mutter mit ihrem Kind nach der Geburt nur mit ihren weiblichen Geburtshelferinnen zusammen. Das Neugeborene wird von Männern ferngehalten, weil männliche Anwesenheit schädlich für das Kind sei.

**Japanische Eltern** lassen beim Säugling und Kleinkind nahezu alles (auch Trotz und Gebrüll) geduldig zu, setzen sich jedoch in konsequenter Form durch, wenn sie bestimmte Absichten verfolgen. Will ein Kind ihnen z. B. beim Weggehen nicht folgen, nehmen sie das Kind kurzerhand an die Hand und übergehen seinen Widerstand ohne langatmiges verbales Klären der Situation (wie es in westlichen Familien praktiziert wird).

> **TIPP**
> Vertiefende Literatur finden Sie im Internet unter dem Stichwort: „Frühkindliche Erziehung in anderen Kulturen". Die Suche liefert viele interessante und vertiefende Informationen!

### Qualitativer Aspekt

**Lieselotte Ahnert, Professorin für Entwicklungspsychologie,** Universität Wien, arbeitet an zahlreichen entwicklungspsychologischen Projekten mit – auch an der NICHD-Studie – und ist Autorin zahlreicher Publikationen im Bereich frühkindliche Erziehung.

Sie sieht dann keine Gefahren bei frühkindlicher familienergänzender Bildung und Betreuung, wenn ein Kind auf eine sichere Bindung mit primären Bezugspersonen (Mutter, Vater) zurückgreifen kann und die strukturellen Rahmenbedingungen stimmen. Hohe Qualität bei der Ausstattung der Räumlichkeiten und gut ausgebildetes, auseichendes Personal sind unerlässlich Die Lebenswirklichkeit der heutigen Familie erfordert ergänzende Erziehung und Betreuung auch für die Jüngsten.

Lieselotte Ahnert betont immer wieder die Wichtigkeit sensiblen, empathischen Vorgehens beim Übergang von Familie in die Ku3-Betreuung. Sie plädiert für das Einhalten einer schrittweisen Eingewöhnungsphase, die eine behutsame Loslösung für Kind und Eltern ermöglicht.

**LiteraturTIPP**
Jesper Juul: Wem gehören unsere Kinder? Dem Staat, den Eltern oder sich selbst?
Lieselotte Ahnert: Wie viel Mutter braucht ein Kind?
Lieselotte Ahnert: Frühe Bindung, Entstehung und Entwicklung

**Zusammenfassung**

- Die wissenschaftlichen Erkenntnisse und Studien zeigen, dass es nicht zwangsläufig schädlich ist, wenn Kinder unter 3 außerhalb der Familie betreut werden.
- Es kommt darauf an, WIE die Betreuung methodisch umgesetzt wird. Dabei spielen strukturelle Rahmenbedingungen wie Räumlichkeiten, Personalschlüssel und gute Ausbildungsqualität der Fachkräfte eine Rolle.
- Die Methoden sind das A und O der Kleinkinderziehung und verlangen empathisches Verhalten, also Sensibilität und die Bereitschaft, sich auf die Individualität des Kindes persönlich einzulassen.
- Frühkindliche Erziehung verlangt ein hohes Maß an Professionalität bei der Methodenwahl und der Reflexion des methodischen Vorgehens. Außerdem eine enge Verbindung mit den Eltern und Angehörigen des Kindes.
- Eine Vernetzung von unterschiedlichen Formen und frühzeitiges Einbinden von Familien durch Elternbildung steigert die Qualität frühkindlicher Erziehung, Bildung und Betreuung.

# 2 LEBENSWELTEN VON FAMILIEN

Die gesellschaftlichen Hintergründe führen dazu, dass Eltern heutzutage früher entscheiden, ob und wann sie ihr Kind in Fremdbetreuung geben. Das gestiegene Angebot an Betreuungsmöglichkeiten für Kinder unter 3 ermutigt Eltern dazu. Für sie ist diese Wahl nicht eine rein individuelle, sondern Folge veränderter Familienstrukturen und Arbeitsbedingungen in der modernen Industriegesellschaft. Dabei sind Familien in Deutschland im europäischen Vergleich weniger gut mit Betreuungsplätzen versorgt. In mehreren Ländern ist die Versorgung der Jüngsten weiter ausgebaut. Sie wird auch innerhalb der Gesellschaft positiver beurteilt und schon gar nicht als mangelnde Verantwortungsbereitschaft der Eltern ausgelegt. Bildung, Erziehung und Betreuung für die Jüngsten muss als eine wichtige familienergänzende bildungspolitische Maßnahme weiter etabliert werden. Sie dient der Balance von persönlichen Zielen, beruflichem Engagement und Zukunftssicherung für Familien und damit auch der Gesamtgesellschaft.

Vielen Menschen, sogar mancher professionellen Fachkraft, fällt es noch schwer sich vorzustellen, dass ein gerade 3-jähriges Kind den Weg aus dem sicheren Umfeld der Familie in eine „fremde" Umgebung, den Kindergarten, die Kindertagesstätte oder in Tagespflege gehen kann. Und wie viel mehr bei einem Kind unter 3 Jahren?

Unterschiedliche wissenschaftliche Studien und die noch oft vertretene Auffassung, dass allein die Mutter bzw. die leiblichen Eltern am besten geeignet sind, ein Kind in den ersten Lebensjahren zu pflegen, zu versorgen und zu erziehen, stehen zur heutigen Lebenswirklichkeit im Widerspruch.

Forschung und gesellschaftliche Verantwortung müssen sicherstellen, dass Kinder keinen Schaden nehmen, weder in der Familie noch in Betreuungseinrichtungen.

Ein Blick auf die Lebenswelten von Familien im 21. Jahrhundert bringt eine erweiterte Sicht auf das Thema.

Besonders einschneidend ist die Entwicklung nach der Teilung Deutschlands in zwei Staaten und deren unterschiedliche gesellschaftliche Entwicklung. Die Vereinigung von BRD und DDR im Jahre 1989/90 hat auch dem Bildungswesen eine entscheidende Wende gegeben.

## 2.1 Historische Veränderungen

Im geteilten Deutschland entwickelt sich die frühkindliche Pädagogik unterschiedlich und wird im vereinigten Deutschland zu einer gemeinsamen Bildungspolitik zusammengeführt.

| | **Alte Bundesländer BRD** | **Neue Bundesländer (ehemalige DDR)** |
|---|---|---|
| Wirtschaftliche Situation nach dem 2. Weltkrieg (1945) | Zerstörte Städte,<br>Hilfe durch die Westmächte, viele Rohstoffe (z. B. Ruhrgebiet: Kohle) | Zerstörte Städte, eingeschränkte Infrastruktur, Rohstoffmangel. UdSSR zieht Rohstoffe zum Aufbau des eigenen kriegszerstörten Landes ab. |
| Stellung von Mann und Frau<br>s. auch Gender-Mainstreaming heute | Die sog. „Trümmerfrauen" helfen mit schwerer körperlicher Arbeit beim Aufbau der Städte.<br>Danach haben verheiratete Frauen in der Familie bis in die 60er-Jahre die Rolle der „Hausfrau und Mutter". | Mann und Frau sind von Beginn an im Rahmen der Erwerbstätigkeit gleichberechtigt. Hohe Quote berufstätiger Frauen und Mütter. |
| Schulbildung | Flächendeckende Schulbildung auch für Mädchen, aber noch keine echte Chancengleichheit.<br>Statistisch ist der Anteil der Mädchen an höherer Schulbildung, Hochschulabschlüssen und Abschlüssen in technischen Berufen geringer als bei Jungen (trotz Gleichstellung im Grundgesetz). | Flächendeckende Schulbildung für Mädchen und Jungen.<br>Schul- und Berufsbildung in polytechnischen Oberschulen. Mehr Mädchen haben höhere Ausbildungsabschlüsse.<br>Mädchen wählen auch technische Berufe, Jungen allerdings weniger die sog. typischen Frauenberufe. |

| | Alte Bundesländer BRD | Neue Bundesländer (ehemalige DDR) |
|---|---|---|
| Angebot von Betreuungsplätzen für Kinder | Kaum Betreuung für Schulkinder nach der Schule. Reine Notfallversorgung:<br>• Die alleinerziehende und aus wirtschaftlichen Gründen mitverdienende Mutter wird gesellschaftlich negativ bewertet.<br>• Kindergartenöffnung<br>• vormittags bis 12.00 Uhr, nachmittags 2-stündig<br>• Über-Mittag-Betreuung ist absolute Ausnahme<br>• kaum Kindertagesstätten (bestenfalls in Großstädten)<br>Keine Kinderkrippen, alleinerziehenden Müttern bleibt oft nur die Möglichkeit, ihr Kleinkind im Kinderheim unterzubringen oder es später nach der Schule als sog. „Schlüsselkind" ohne Aufsicht zu Hause zu lassen. | Betreuungsplätze von der Krippe bis zum Schulhort – flächendeckend.<br>Von Anfang an Ausbau eines Betreuungs- und Bildungswesens, hohe Versorgung in Kinderkrippe und Kindergarten mit staatlichen Bildungsplänen. Ganztagsschulen mit Kinderhort.<br>Betriebs**kindertagesstätten**. Für Schichtarbeiter Angebot von Über-Nacht-Betreuung.<br>„Erntekindergarten" für die ländliche Bevölkerung mit mehrtägiger Betreuung auch über Nacht.<br><br>Starke Vernetzung mit den politisch-gesellschaftlichen Vereinigungen. |
| Bildungspläne | Keine Bildungspläne | Verbindlicher Bildungsplan für den Kindergarten.<br>Auch in der vorschulischen Bildung Aufteilung in schulfachähnliche „Beschäftigungsbereiche". |
| Mitte bis Ende der 60er-Jahre | „Sputnikschock": Die westliche Politik erkennt, dass das Bildungswesen in der DDR ein höheres Bildungsniveau hervorbringt. Entwicklung von Strukturplänen für das vorschulische Bildungswesen (Empfehlungen – nicht verbindlich) | |

| | Alte Bundesländer BRD | Neue Bundesländer (ehemalige DDR) |
|---|---|---|
| Ab 70er-Jahre | Private Elterninitiativen zur Gründung von Kindergärten und -tagesstätten, um dem Mangel an Plätzen abzuhelfen. Alternative pädagogische Ansätze als Reaktion auf die „verstaubte" Nachkriegspädagogik.<br>Frauen mit qualifizierten Berufsabschlüssen lassen sich nicht mehr in die alleinige Rolle als „Hausfrau und Mutter" drängen.<br>Einführung von Kindergartengesetzen in den Bundesländern. Der Kindergarten erhält einen eigenständigen Bildungsauftrag im Elementarbereich des Bildungswesens. | |
| Nach der Vereinigung von DDR und BRD (1989) | Quantitativ und qualitativ höhere Versorgung mit Kita-Plätzen, vereinzeltes Angebot von Betreuungsplätzen für Kinder unter 3 in Kindertagesstätten .<br>Fortsetzung des Ausbaus, auch Schaffung von weiteren Betreuungsplätzen für Kinder unter 3 in Kindertageseinrichtungen.<br>Rechtsanspruch auf einen Kindergartenplatz.<br>Verstärkte Qualifizierung von Betreuerinnen in der Tagespflege und Modifizierung der Kinderbildungsgesetze. | Nach der Wende verlieren viele Arbeitnehmer und Arbeitnehmerinnen in den neuen Bundesländern ihren Arbeitsplatz.<br>Folge: Überangebot an Betreuungsplätzen und als Folge Schließung von Einrichtungen/ Arbeitslosigkeit von päd. Fachkräften.<br>Neue pädagogische Akzente durch die Auseinandersetzung mit der „westlichen Pädagogik".<br>Auch hier wächst Deutschland weiter zusammen, die Unterschiede verringern sich. |
| Ab 2000 | Seit dem 01.08.2013 Rechtsanspruch auf einen Betreuungsplatz ab dem ersten Geburtstag des Kindes. | Keine besonderen Entwicklungen in den neuen Bundesländern. |

Nicht nur in der Bildungspolitik haben sich die Verhältnisse geändert, sondern auch in der Familienstruktur. Mit den verbesserten Ausbildungschancen von Mädchen und Frauen ist der Anteil qualifiziert ausgebildeter Menschen weitaus höher geworden. Dies hat insbesondere Auswirkungen auf die Rolle der Frau in der Arbeitswelt und ihren Anspruch, den guten Ausbildungsstandard auch mit Gründung einer Familie nicht aufzugeben. Insgesamt wird die Rolle der Frau in der Gesellschaft gestärkt. Es streben mehr Frauen in führende Positionen und fordern „gleichen Lohn für gleiche Arbeit".

## 2.2 Veränderte Geschlechterrollen – Gender-Mainstreaming in Gesellschaft und Familie

Gender ist eine Bezeichnung, die in der deutschen Sprache als Geschlechterrolle bezeichnet werden kann. In der Fachliteratur hat sich der Begriff „Gender" durchgesetzt, weil im deutschen Wort „Geschlecht" auch die biologische Zuweisung (englisch „sex") enthalten ist. Gender bezeichnet das gesellschaftlich sozial und kulturell geprägte Geschlecht. So ist auch der Begriff „Gender-Mainstreaming" einzuordnen. Dabei handelt es sich um eine international vertretene Vorgehensweise in der Gleichstellung von Mann und Frau. Das Gender-Mainstreaming will präventiv und zukunftsbezogen Ungleichheiten aufdecken und für strukturelle Gleichstellung sorgen. Gleichstellungsgesetze, Elterngesetze (nicht Müttergesetze) und eine Verbesserung der Rechte für Väter nichtehelicher Kinder manifestieren die Gleichstellung.

Neben der rechtlichen Gleichstellung muss die soziale Gleichstellung sich auch gesamtgesellschaftlich durchsetzen. Das kann schon in früher Kindheit beginnen und in Betreuungseinrichtungen für Ku3 von Anfang an zur Selbstverständlichkeit werden. Kinder, die von Geburt an erleben, dass Vater und Mutter, Männer und Frauen aktiv gleiche Verantwortung tragen, werden nicht auf eine mädchen- oder jungenspezifische Rolle festgelegt.

In der neurobiologischen Diskussion herrschen unterschiedliche Auffassungen über die Entstehung der Geschlechtsidentifikation. Für die pädagogische Praxis ist es jedoch „gleichgültig", ob bestimmte Eigenschaften bei Mädchen und Jungen „angeboren" oder soziokulturell geprägt sind. Heutige Lebenswelten verlangen eine „beidseitige" Nutzung der Ressourcen und Kompetenzen.

In der pädagogischen Fachliteratur wird der Begriff Gender-Mainstreaming ebenfalls genutzt. Dabei geht es um das Aufbrechen von Rollenklischees, die pädagogische Begleitung beim Finden des persönlichen Ichs, gleichermaßen für Mädchen wie auch Jungen. Diese Gleichbehandlung und vielseitige Förderung muss im Bewusstsein von Eltern und pädagogischen Fachkräften verankert sein.

**Praktische Umsetzung in der Betreuung für Ku3:**

- Vermeiden von althergebrachten Rollenvorstellungen (schwaches, gefühlsbetontes Mädchen, starker, sachlich-technisch orientierter Junge).
- Gleiches Angebot von Spielzeugen und Aktivitäten für Jungen und Mädchen.
- Ausgewogene Personalverteilung von Frauen und Männern in Bildungseinrichtungen.
- Ansprache und Einbeziehen der Mütter und Väter außerhalb von althergebrachten Rollenvorstelllungen (Mütter können technisch versiert sein, Väter können Kuchen backen).

## 2.3 Die Ein-Eltern-Familie

Aufgrund einer veränderten Auffassung von Familie, Ehe und streng zugeordneten Geschlechterrollen ist eine/ein Alleinerziehende/r nicht mehr wie in früheren Zeiten Diskriminierung und sozialem Abstieg ausgesetzt. Selbst wenn die meisten Ein-Eltern-Familien noch von Müttern getragen werden, so ist dies nicht mehr zwangsläufig mit ungesicherten Existenzbedingungen verbunden. Frauen haben inzwischen die Chance auf gute Ausbildung und berufliche Entwicklung. Staatliche Unterstützung wendet existenzielle Not ab.

Eher neu ist, dass auch Väter alleinerziehend sind und aktiv Verantwortung für ihr Kind übernehmen. Die Stärkung der Rechte bei nichtehelicher Vaterschaft unterstützt die „neue Rollenfindung". Auch bei Ehescheidungen ist es längst nicht mehr selbstverständlich, dass die Mütter die alleinige elterliche Sorge übernehmen und dem Kind den Lebensmittelpunkt bieten.

Für alleinerziehende Väter und Mütter ist das Elternzeitgesetz (siehe Gender-Mainstreaming) eine große Hilfe und sichert im Zusammenwirken mit anderen familienpolitischen Maßnahmen die existenzielle Grundlage. Gerade für sie sind verlässliche Betreuungseinrichtungen eine Notwendigkeit, um weiterhin als von Transferleistungen unabhängige Bürger erwerbstätig zu bleiben.

**Praktische Umsetzung:**

- Berücksichtigen, dass alleinerziehende Elternteile unter stärkerem Zeitdruck stehen, da sie weitgehend „allein" für die Versorgung des Kindes (oder mehrerer Kinder) zuständig sind.
- Termine für Elternveranstaltungen auf diese Bedingungen abstimmen (also Treffs **während** der Betreuungszeit).
- „Gegenseitigkeitshilfe" initiieren.

## 2.4 Die Patchwork-Familie

Dieser Begriff hat einen festen Platz in der deutschen Sprache gefunden. Er bezeichnet jene Familienkonstellation, in der Eltern durch vorherige Elternschaft und folgende neue Partnerschaft mit Kindern unterschiedlicher Zugehörigkeit eine neue Familie und Lebensgemeinschaft gründen. Dieser „Flickenteppich", der aus sich zunächst relativ fremden Menschen zusammengesetzt wird, stellt eine große Herausforderung für alle Betroffenen dar.

Jedes Kind in dieser Gemeinschaft hat ein Elternteil „abgeben" müssen. Sorge um den gänzlichen Verlust belastet dabei – bewusst oder unbewusst. Kinder unter 3 erleben diesen Zustand in einem „unartikulierten, nebulösen" Gefühlszustand. Sie müssen sich – wohl oder übel – in eine neue Lebensgemeinschaft einfügen, sich mit den Gewohnheiten „neuer Geschwister" und einem neuen Erwachsenen in Elternrolle vertraut machen. Selbst wenn die „Chemie stimmt", steht hier ein erheblicher Übergangsprozess für alle an. Je jünger das Kind ist, desto stärker ist es darauf angewiesen, dass für sein sozial-emotionales Befinden gesorgt wird. Auch das Eingewöhnen in neue Räumlichkeiten, die sehr wahrscheinlich abweichend vom Gewohnten sind, erfordert erhebliche Anpassungsenergie. Das ohnehin „anstrengende Szenario" wird noch mehr auf die Probe gestellt, wenn Besuchsregelungen, Eingliederung in neue Betreuungseinrichtungen, Schule und Umgebung zu leisten sind. Die Notwendigkeit einer guten Zusammenarbeit von (Patchwork)-Eltern und Betreuungseinrichtung steht außer Frage. Für die Einrichtung sind hier auch rechtliche Hintergrundinformationen wichtig.

**Praktische Umsetzung:**

- Genaue Abklärung, wer der Erziehungsberechtigte, wer der mitwirkende Partner ist (frühzeitige Klärung im Aufnahmegespräch und schriftliche Dokumentation in Elternformularen/ -kartei – mit Unterschrift!).
- Wie ist die elterliche Sorge geregelt (wer darf welches Kind abholen)?
- Notwendigkeit frühzeitiger Bekanntgabe von besonderen Regelungen bei Abweichung vom „normalen" Tagesablauf, damit die Familie sich darauf einstellen kann.
- Vollständige Telefonliste, die alle Beteiligten einbezieht.

## 2.5 Neue Medien verändern Lebenswelten

Die Allgegenwart von digitalen Medien verändert den Umgang innerhalb der Familie, im Mitarbeiterkreis in der Ku3-Einrichtung und mit den Erziehungsberechtigten.

Die Möglichkeit der permanenten Erreichbarkeit verkürzt zwar die Wege der Kommunikation und ermöglicht schnelle, flexible Absprachen und „Notfalllösungen". Es reduziert jedoch auch den persönlichen Kontakt und ausgiebigen Meinungsaustausch.

Hier kann ein Generationen-Problem entstehen. Ältere Mitarbeiter, die aufgrund ihrer Lebenserfahrungen „kleinen Kindern" eine besondere Gelassenheit und Zuverlässigkeit vermitteln, haben Berührungsängste gegenüber der „schnellen, digitalen Kommunikation". Die aktuelle Eltern-Generation ist von Kind an in die mediale Welt hineingewachsen und gibt die Gewohnheiten selbstverständlich an die eigenen Kinder weiter. Die Reduzierung direkter Kommunikation wird häufig von Eltern und Mediennutzern nicht reflektiert oder gar als Verlust direkter Kontakte bewertet.

**Praktische Umsetzung:**

- Fort- und Weiterbildung der Mitarbeiter im EDV-Bereich.
- Telefondienste für Mitarbeiter, damit nicht immer alle telefonisch angesprochen und in der pädagogischen Arbeit „gestört" und unterbrochen werden können.
- Vollständige Telefonlisten über Mobilnummern, private und dienstliche Erreichbarkeit der Angehörigen (auch Helfer wie Tagesmütter, Großeltern etc.).
- Hervorheben der Wirksamkeit direkter Kommunikation.
- Beschränkung der telefonischen Erreichbarkeit für „einfache Informationen" auf Nischenzeiten (wenn weniger Kinder anwesend sind – Notfälle ausgeschlossen!).

**Zusammenfassung**

Als Folge guter, verbesserter Ausbildung streben mehr Frauen an, den erlernten Beruf mit Kindern und Familie zu vereinbaren (Vereinbarkeit von Familie und Beruf).

Die Wirtschaft hat einen steigenden Bedarf an gut ausgebildeten Fachkräften, die insbesondere bei Frauen zu finden sind. Väter sind nicht mehr allein für die Existenzsicherung der Familie zuständig.

Die gestiegene Anzahl von alleinerziehenden Elternteilen (Scheidungsrate, höhere Akzeptanz der Ein-Eltern-Familie) hat einen erhöhten Bedarf an familienergänzender Betreuung von Kindern unter 3 zur Folge.

Die Arbeitsplätze sind nicht mehr so sicher, Kündigungsschutz wird „aufgeweicht", deshalb:

- Streben nach lückenloser Erwerbstätigkeit für solide (auch private) Alterssicherung.
- Verteuerung der Lebenshaltung: Wohnen, Energie, gestiegene Konsumwünsche fordern die Ausschöpfung aller Verdienstquellen.
- Gestiegene Anzahl von Familien mit Bedarf an spezieller Hilfe, z. B. Förderbedarf beim Erlernen der deutschen Sprache (Migrationshintergrund).
- Hilfe zu Erziehung bei mangelnder Erziehungskompetenz.
- Isolation bei sozialem Abstieg (Geld fehlt für aktive Außenkontakte – Rückzug in die allgegenwärtige mediale Welt.

# 3 DER RECHTLICHE RAHMEN

## Kinderbildungsgesetze

Alle Bundesländer haben die frühe Bildung von Kindern gesetzlich geregelt. Aufgrund des föderativen Systems in Deutschland hat jedes Bundesland ein eigenes Kinderbildungsgesetz. Sie stimmen in vielem überein, setzen jedoch unterschiedliche Schwerpunkte.

**Gemeinsamer Rahmen der Länder für die frühe Bildung in Kindertageseinrichtungen**

### Allgemeine Beschreibung der Ziele im Hinblick auf Bildung im Elementarbereich

*Auf eine Abgrenzung der Begriffe „Bildung" und „Erziehung" wird bewusst verzichtet. Mit „Erziehung" wird vorwiegend der Bereich der Einflussnahme anderer Personen, in der Regel Erwachsener, auf das Verhalten der Kinder im Hinblick auf deren Hineinwachsen in die Gemeinschaft, d.h. Sozialisation, beschrieben. Angesprochen wird damit insbesondere die Entwicklung des Sozialverhaltens sowie der Fähigkeit und der Bereitschaft zur entwicklungsangemessenen Übernahme von Verantwortung. Dies sind auch gleichzeitig allgemein anerkannte Aspekte der Persönlichkeitsbildung. Der Bildungsprozess des Kindes umfasst alle Aspekte seiner Persönlichkeit. Bildung und Erziehung werden als ein einheitliches, zeitlich sich erstreckendes Geschehen im sozialen Kontext betrachtet. Es umfasst die Aktivitäten des Kindes zur Weltaneignung ebenso wie den Umstand, dass diese grundsätzlich in konkreten sozialen Situationen erfolgen. Im Prozess der Weltaneignung oder Sinnkonstruktion nehmen das Kind und sein soziales Umfeld wechselseitig aufeinander Einfluss, sie interagieren. Nach diesem Verständnis tragen die Bildung des Kindes unterstützende, erzieherische und betreuende Tätigkeiten gemeinsam zum kindlichen Bildungsprozess bei. Damit wird auch zum Ausdruck gebracht, dass die Länder im Zusammenhang ihrer Vorhaben zur Stärkung des Elementarbereichs besonderes Gewicht auf die Konkretisierung und qualifizierte Umsetzung des Bildungsauftrags legen. Im Vordergrund der Bildungsbemühungen im Elementarbereich steht die Vermittlung grundlegender Kompetenzen und die Entwicklung und Stärkung persönlicher Ressourcen, die das Kind motivieren und darauf vorbereiten, künftige Lebens- und Lern-*

*aufgaben aufzugreifen und zu bewältigen, verantwortlich am gesellschaftlichen Leben teilzuhaben und ein Leben lang zu lernen.*

*Die Länder erstellen* ***Rahmenpläne****, die Förderbereiche für das zu realisierende Bildungsangebot benennen und die dadurch deren Bildungsauftrag konkretisieren.*

*(Quelle: Beschluss der Jugendministerkonferenz 13. Mai 2004 und 03. Juni 2004, Auszug)*

Gemeinsam verfolgen die Bundesländer ein übergeordnetes Ziel, nämlich die Chancengleichheit für alle Kinder – unabhängig von ihrem Herkunftsort.

**Das Gesetz zur frühen Bildung und Förderung von Kindern (Kinderbildungsgesetz KiBiz) in Nordrhein-Westfalen**

*Das Bundesland Nordrhein-Westfalen hat den Nationalen Aktionsplan der Bundesregierung umgesetzt in Form des seit August 2008 gültigen Kinderbildungsgesetzes KiBiz und bezieht so die unter 3-Jährigen ausdrücklich in die Bildung und Förderung ein. Der folgende Text stammt aus der Broschüre „30 Fragen – 30 Antworten", welche Einzelheiten zum Gesetz und beispielhaft die Finanzierung nach KiBiz erläutert. Im Fokus des Gesetzes steht neben dem verstärkten Ausbau des Betreuungsangebots für unter 3-Jährige insbesondere die frühe Bildung und Förderung von Kindern und mehr Flexibilität für die Eltern bei der Nutzung des Angebots.*

*Die Kernelemente des Gesetzes sind:*
- *die Stärkung des Bildungs- und Erziehungsauftrags im frühen Kindesalter,*
- *ein umfassender Ausbau der Betreuungsangebote für Kinder unter 3 Jahren,*
- *die Sicherung einer vielfältigen Angebotsstruktur,*
- *die Orientierung der Betreuungszeiten am unterschiedlichen Bedarf der Familien,*
- *die Sicherung der pädagogischen Qualität in den Tageseinrichtungen,*
- *die Pauschalisierung des Finanzierungssystems,*
- *die Aufnahme der Sprachförderung als gesetzliche Regelaufgabe,*
- *die gesetzliche Verankerung der Familienzentren,*
- *die Aufwertung der Kindertagespflege als gleichwertige Alternative zu den Tageseinrichtungen.*

*(vgl. Ministerium für Generationen, Familie, Frauen und Integration des Landes NRW, 30 Fragen – 30 Antworten zum KiBiz, 11. Juni 2007, S. 3)*

Die Kinderbildungsgesetze der Bundesländer sind über die jeweiligen Jugendämter oder Trägerverbände erhältlich und gehören in jede Bibliothek einer Ku3-Einrichtung.

## Mutterschutzgesetz

Es dient dem gesundheitlichen Schutz der Mutter und sichert den Kündigungsschutz während der Schwangerschaft und für mindestens 8 Wochen nach der Geburt des Kindes. Damit ist die allererste Zeit der Betreuung für das Neugeborene gesichert.

### Bundeselterngeld- und Elternzeitgesetz

Es sichert ein Grundeinkommen für beide Elternteile, wenn sie sich für die Inanspruchnahme der Elternzeit entschließen und über die Mindestschutzzeit hinaus ihren Säugling bzw. ihr Kleinkind zu Hause in der Familie betreuen.

### Richtlinien zur Sicherung des Qualitätsstandards

Es wird aktuell an einem bundesweit geltenden **Qualitätsstandard** für Kindertageseinrichtungen und Kindertagespflege gearbeitet. Das Bundesministerium für Familie, Senioren, Frauen und Jugend strebt eine politische Absicherung durch den Bundestag im Jahr 2014 an.

Eltern erwarten von Pädagogen, dass sie auch in dieser Hinsicht aufgeklärt werden. Auch dies ist ein Beitrag zum Aufbau der Erziehungspartnerschaft.

### Zusammenfassung

- Staatlich geförderte und finanziell unterstützte Elternzeiten, die in den ersten Lebensmonaten den Eltern eine fürsorgliche Betreuung ihres Neugeborenen ermöglichen, dienen Kind und Eltern. Sie sind Basis für den Aufbau einer guten Bindungsbeziehung.
- Der Mutter wird Zeit zur körperlichen Erholung nach der Schwangerschaft und Zeit für intensiven Kontakt mit dem Kind gegeben, ohne in existenzielle Not zu geraten oder den Arbeitsplatz zu verlieren.
- Bereitstellung von Betreuungseinrichtungen, die spätestens nach der Elternzeit Kleinkinder aufnehmen, sichern die Vereinbarkeit von Familie und Beruf.
- Verlässliche Betreuungszeiten von mindestens 9 Stunden ermöglichen und erleichtern eine Vollzeit-Berufsausübung.
- Flexible Öffnungszeiten (früher Morgen, später Nachmittag, besondere Regelungen für Nacht- und Wochenenddienste) bieten Hilfe bei variierenden Arbeitszeiten.
- Richtlinien zur Maximalaufenthaltszeit für Kinder in der Einrichtung sichern das Kindeswohl und fördern die Verantwortlichkeit der Eltern für ausreichend Familienzeit.
- Frühzeitige Einbindung in eine Betreuungseinrichtung dient dem Aufbau einer Bildungs- und Erziehungspartnerschaft (Aufklärung, Beratung und Unterstützung).
- Gut ausgebildete pädagogische Fachkräfte sichern den Qualitätsstandard.
- Regelmäßige Fort- und Weiterbildung fördert inhaltliche Weiterentwicklung.
- Betriebsinterne Weiterbildung als anerkannte Arbeitszeit festigt das Team und die Betreuungsqualität (Supervision und Reflexion bei der Erarbeitung und Umsetzung von Handlungskonzepten).
- Sensibilisierung zum achtsamen Umgang mit der eigenen Person und persönlicher Ressourcen steigert die Gesundheit und die Arbeitszufriedenheit.
- Eine angemessene Bezahlung fördert den Nachwuchs und sichert den Bestand der Mitarbeiter im sozialpädagogischen Arbeitsfeld.

# EINE SICHERE BINDUNG MACHT STARK FÜRS LEBEN

4

Das Kapitel Bindung nimmt eine Sonderstellung ein. Deshalb wird es an vorderster Stelle behandelt.

Nichts ist so wichtig, wie der Aufbau einer gesicherten Bindung zwischen Eltern und Kind. In Ausnahmefällen kann die Bindung auch durch eine zuverlässige und konstante stellvertretende Bezugsperson aufgebaut werden. Wird das Kind in dieser ersten Lebensphase in einer Ku3-Einrichtung versorgt, **ergänzen** die pädagogischen Fachkräfte die Aufgaben der Familie.

Die Entwicklung des Menschen basiert auf seinen frühkindlichen Erfahrungen mit Bindung. Diese haben weitreichende Auswirkungen auf nahezu alle Kompetenzbereiche.

Wie schon im Vorwort erwähnt, hat die pädagogische Fachkraft die anspruchsvolle Aufgabe, die Kinder in diesem frühen Lebensabschnitt während der hochsensiblen Phase des Bindungsaufbaus professionell zu begleiten. Als Mittlerin zwischen Kind und Eltern hat sie eine komplizierte Gratwanderung zu leisten. Fühlt sich das junge Kind möglicherweise „zu sehr" zur Bezugsperson auf Zeit (der pädagogischen Fachkraft) hingezogen, kann sogar Eifersucht bei den Eltern auftreten. Wird es von den Eltern nicht „losgelassen", findet es nicht den Weg in die soziale Gemeinschaft der Kinderkrippe. Die Erzieherin hat dieses vielfältige Beziehungsgeflecht m Auge. Sie begleitet Kind und Eltern als fachkompetente Bezugsperson.

Die Jüngsten brauchen neben der rein physischen Versorgung stabile soziale Beziehungen zu achtsamen Menschen.

In der vertrauensvollen, sicheren Bindung zwischen Eltern und Kind bzw. deren Ersatzpersonen (Bezugspersonen) liegt der Schlüssel für die weitere emotionale, psychosoziale Entwicklung. Auch seine Offenheit und das Explorationsverhalten wird von der Bindungsqualität beeinflusst. Bindung ist als neurobiologisch gesteuerte existenzielle Grundlage der Entwicklung zu sehen.

Biologische Steuerung sorgt im Normalfall für den ersten Austausch von positiven Signalen zwischen Neugeborenem und Bezugspersonen. Das gerade auf die Welt gekommene Baby selbst vermittelt diese dank einer biologisch angelegten inneren Triebfeder und seines hilfsbedürftigen Wesens. Aufgrund eines biologisch bedingten Verhaltenssystems spüren seine Bezugspersonen diese Signale. Insbesondere die Mutter ist durch die hormonellen Besonderheiten einer Schwangerschaft und Niederkunft für das Neugeborene sensibilisiert.

## 4.1 Die Phasen der Bindung

| Vorbindungsphase 0-6 Wochen | Entstehungsphase der Bindung (6 Wochen bis 8 Monate) | Eindeutige Bindungsphase (8 – 24 Monate) | Phase gegenseitiger Beziehungen (ab 24 Monate) |
|---|---|---|---|
| Der Säugling scheint es nicht zu bemerken oder zeigt keine Aufregung, wenn er mit einem unbekannten Menschen allein gelassen wird. Er kann seinen Blick anderen zuwenden und seine Arme nach ihnen ausstrecken. Zum Kontaktaufnahmeverhalten gehören Weinen, Lallen und Lächeln. | Der Säugling beginnt, auf bekannte und unbekannte Menschen unterschiedlich zu reagieren und zeigt Anzeichen für Aufregung, wenn er mit unbekannten Dingen oder Menschen allein gelassen wird. Die Intensität des Sozialverhaltens nimmt zu und Freundlichkeit/ Freude sind ganz klar auf bestimmte Menschen gerichtet. Das Kind erkennt jetzt primäre Bezugspersonen und beginnt schon, aktiven Kontakt zu ihnen aufzunehmen. | Das Kind zeigt Trennungsangst und Angstreaktionen oder äußert Protest, wenn die Bezugsperson den Raum verlässt. Die Bindung verschafft ihm Sicherheit, die Bezugsperson wird zu einer sicheren „Basis", von der aus die Umgebung erforscht werden kann. Krabbeln und gehen zu können erleichtert es dem Kind, die Nähe der Bezugsperson aufzusuchen oder die Umwelt zu erforschen. | Das Kind wird mobiler und verbringt mehr und mehr Zeit ohne die Bezugsperson. Es beginnt, Absichten, Gefühle und Perspektiven zu verstehen und kann kommunikative Beziehungen zu Bezugspersonen mitgestalten. |

Die sog. „fremde Situation" nach Mary Ainsworth (Studie von 1960) zeigt den Zusammenhang von Bindung und Verhalten bei Trennung bei 1-jährigen Kindern.

Die fremde Situation gestattete die Beobachtung von „Trennungsstress" bei den 1-Jährigen, wenn die Mutter den Raum verließ, in dem sie sich zunächst mit dem Kind gemeinsam aufgehalten hatte. Das beobachtbare Verhalten, wenn die Mutter nach einiger Zeit wieder in den Raum zurückkehrte, ermöglichte eine Einteilung in drei verschiedene Bindungstypen und eine verallgemeinernde Beschreibung des Verhaltens der Bezugspersonen. Der Hauptfokus wurde auf das Verhalten des Kindes bei Rückkehr der Bezugsperson gerichtet.

In der Studie zeigt sich, dass eine gute Erziehungspartnerschaft maßgeblich zum Gelingen des Übergangs von den Eltern zur stellvertretenden Betreuungsperson beiträgt.

## 4.2 Unterschiedliche Bindungstypen

Die Kenntnis dieser Bindungstypen ist notwendig, um Kinder in der Bindungsentwicklung gezielt beobachten zu können und daran anknüpfend am gelingenden Prozess mitzuwirken. Die folgende Beschreibung von Bindungstypen stützt sich auf Bowlbys Erkenntnisse über Bindungsbeziehungen.

Er spricht von einem „inneren Arbeitsmodell". Dieses wird in der frühen Kindheit erworben durch die Beziehung zu seinen Bezugspersonen. Diese werden im Gedächtnis gespeichert, ebenso die damit verbundenen Gefühle und Sinneseindrücke, und „steuern" den Umgang mit Menschen. Eine gelungene Bindungsbeziehung ist der Schlüssel für die freie Entfaltung der kindlichen Persönlichkeit und geht auf die früheste Kindheit zurück.

In der Fachliteratur finden sich zahlreiche Beschreibungen von Bindungsmustern, die im Wesentlichen folgende Merkmale aufweisen.

**1. Verhalten bei sicherer Bindung**

| Kind | Bezugsperson (BP) |
|---|---|
| Gelassene, gefühlsbetonte Zuwendung zur Bezugsperson.<br>Spielt aktiv mit gelegentlichem Blick- und Körperkontakt (Rückversicherung).<br>Zeigt Erkundungsinteresse (Exploration).<br>Bei Verlassen der Bezugsperson erfolgt Weinen, suchende Blicke mit „Komm-zurück"-Ausdruck.<br>Sucht Blickkontakt zu anderen Anwesenden.<br>Bei Rückkehr der Bezugsperson schnelle Beruhigung mit Körperkontakt.<br>Setzt bald die Aktivität fort. | Ist ein sicherer Pol für das Kind als Folge durchgängiger Verlässlichkeit.<br>Kindbezogenes, verständnisvolles, achtsames Verhalten.<br>**Folge für das Kind:**<br>Es erfährt positives Echo in Form verlässlicher Reaktionen.<br>Erfahrung von Selbstwirksamkeit.<br>Aufbau eines stabilen Selbstwertgefühls. |

**2. Unsicher-vermeidende Bindung**

| Kind | Bezugsperson |
|---|---|
| Bindungsmerkmale wie Suche nach Blick- und Körperkontakt nicht erkennbar (keine Rückversicherung).<br>Nimmt kaum Notiz, wenn die Bezugsperson den Raum verlässt.<br>Erweckt den Eindruck von Gleichgültigkeit, eine Anspannung ist „auf den ersten Blick" nicht beobachtbar.<br>Aber: Bei Messungen zeigen sich körperliche Reaktionen: erhöhte Herzfrequenz, erhöhte Ausschüttung von Stresshormonen. | Unstete Verlässlichkeit, seltene Wahrnehmung der Bedürfnisse des Kindes.<br>Unvorhersehbare Zurückweisung.<br>**Folge für das Kind:**<br>Erfährt unzuverlässiges Echo auf seine Gefühlsregungen.<br>Spürt, dass seine Gefühlsäußerungen „wenig bringen".<br>Weiterspiel ist gelernte „Bewältigungsstrategie". |

**3. Unsicher-ambivalente Bindung**

| Kind | Bezugsperson |
|---|---|
| Inaktives, unstetes, unentschlossenes Verhalten. Spiel und Exploration kaum beobachtbar.<br>Kind hält sich zwar in der Nähe der Bezugsperson auf, wendet sich jedoch ohne erkennbaren Grund ab.<br>Weinerliche, missmutige Gefühlslage.<br>Protestiert bei Trennung stark.<br>Bei Rückkehr der Bezugsperson uneindeutiges Verhalten und mäßiger Kontaktwunsch.<br>Lässt sich auch bei Zuwendung schlecht trösten.<br>Bleibt eher inaktiv, findet nicht ins erkundende Spiel zurück. | Ambivalentes, uneindeutiges Verhalten.<br>Unzuverlässige, unkalkulierbare Reaktionen auf die Bedürfnisse und Gefühlsäußerungen des Kindes.<br>Große Differenzen zwischen den Gefühlsäußerungen: emotional-überschäumend (positiv wie negativ) oder zurückweisend und ignorant.<br>**Folge für das Kind:**<br>Verhaltensunsicherheit, Rückzug oder missmutiges Auf-sich-aufmerksam-Machen mit unkalkulierbarem Erfolg. Es ist ein Abbild der wechselhaften Gefühlslagen der Bezugsperson. |

**4. Desorganisierte-desorientierte Bindung**

| Kind | Bezugsperson |
|---|---|
| Das Kind zeigt widersprüchliche Verhaltensweisen:<br>intensive Suche nach Nähe oder Ablehnen von Kontaktangeboten.<br>Bewusstes Abwenden des Blickes oder Klammern (es klammert sich | Undurchschaubares Verhalten der Bezugsperson, sowohl für das Kind als auch für erwachsene Personen (z. B. pädagogische Fachkräfte).<br>Schlimmstenfalls: körperliche Gewalt, beängstigende Drohgebärden, |

| Kind | Bezugsperson |
|---|---|
| z. B. ans Bein der Bezugsperson, wenn diese den Raum verlässt).<br>Inaktivität mit apathisch-resignativen Zügen.<br>Schwer in Aktivitäten hineinzuziehen. | aggressives Schimpfen, Nichtbeachten – auf unabsehbare Zeit allein gelassen werden, Liebesentzug, Vernachlässigung (z. B. mangelnde Körperpflege, mangelnde Ernährung)<br>**Folge für das Kind:**<br>• Unsicherheit<br>• mangelnde Aufnahmebereitschaft (Lernen)<br>• missmutige Grundstimmung, nervenaufreibendes Quengeln<br>• krankheitsanfällig<br>• psychische Erkrankung |

**MERKE** Eine gelungene Bindungsbeziehung basiert auf
- Zuwendung, respektvoller körperlicher Nähe und Körperkontakt
- Sicherheit, Schutz vor Stress
- Unterstützung/Assistenz
- Anregung der kindlichen Neugier/des Explorationsverhaltens

## 4.3 Eine sichere Bindung ist Basis für viele Kompetenzen

Bindungsmuster haben unterschiedliche und weitreichende Auswirkungen auf gelingende soziale Beziehungen, persönliche Verhaltensweisen und die Bereitschaft zum Lernen sowie zur Selbstbildung, auf das Explorationsverhalten (Wissensneugier, Experimentierbereitschaft) und daraus entstehende Fertigkeiten des Kindes. Dies wurde in zahlreichen Studien herausgestellt.
- Kinder aller Altersgruppen werden bei sicherer Bindung als autonomer, kompetenter, lerneifriger und leistungsfähiger beschrieben. Sie sind neugieriger. Soziale Beziehungen sind ausgeprägter. Es werden mehr Freundschaften geschlossen.
- Kinder unter 3 scheinen bei früher Erfahrung eigener Effektivität (Selbstwirksamkeit), gebunden an die Beeinflussung des Verhaltens durch eine aufmerksame, feinfühlige Bezugsperson (Mutter), mehr Selbstvertrauen zu entwickeln.
- 2-Jährige lösen in Kooperation mit Bindungspersonen Probleme effektiver
- Im Schulalter zeigen sie stabilere kognitive Leistungen.
- Im Alter von 7 Jahren zeigen sie bessere Leistungen im formal-operativen und deduktiven Denken.
- Sie sind kontaktfähiger und besser angepasst.
- Sie bauen bessere Beziehungen zu ihren Lehrern auf.
- In Wettbewerbssituationen zeigen sie bei der Gefahr zu verlieren erhöhte Anstrengung, während unsicher gebundene Kinder zum Aufgeben neigen.
- Im jugendlichen Alter ist das Selbstvertrauen höher, es besteht Offenheit in der Äußerung von Gefühlen.

# 5 DIE JÜNGSTEN BRAUCHEN DIE BESTE BETREUUNG

Kinder unter 3 benötigen eine hohe strukturelle und pädagogische Qualität und ausreichend Plätze in altersgerechten Betreuungseinrichtungen.

Dies ist zu realisieren durch

- angemessenen Personalschlüssel,
- gut ausgebildete und entsprechend honorierte Fachkräfte,
- altersgerechte Räumlichkeiten und Ausstattung.

Durch Gesetze und Richtlinien wird sichergestellt, dass „staatliche Gelder" aus Steuereinnahmen zur Verfügung stehen, um diese Voraussetzungen zu schaffen.

Auf kommunaler Ebene (Jugendämter) wird der konkrete Bedarf an Betreuungsplätzen ermittelt, der Ausbau und Finanzierung ermöglicht.

Letztendlich sind die politischen Entscheidungsträger dafür verantwortlich, in welcher Höhe Steuergelder für frühkindliche Betreuung bereitgestellt werden. Sie entscheiden damit über Quantität und Qualität der frühkindlichen Bildung.

Durch den gesetzlich verankerten Rechtsanspruch auf einen Betreuungsplatz können Eltern auf gesellschaftliche Hilfe zur Vereinbarkeit von Familie und Beruf bauen. So wird auch dem Geburtenrückgang entgegengewirkt, weil Eltern höhere Planungssicherheit für ihre Familie gewinnen. Gesellschaftsökonomisch gesehen „rentieren" sich Investitionen für Bildung und Ausbildung durch den Zuwachs gut qualifizierter Fachkräfte, die bei langer Erwerbstätigkeit die Rentenkassen füllen.

Die gesellschaftlichen Bedingungen einer hoch entwickelten Industriegesellschaft lassen es nicht mehr zu, dass die Familie allein und aus privater Kraft alle Belange für Bildung, Erziehung und Betreuung erfüllt (s. Kap. 2 Lebenswelten von Familien).

## 5.1 Separieren, integrieren oder Inklusion?

Säuglinge, Kleinkinder, Kindergartenkinder, Schulkinder mit und ohne den Bedarf auf spezielle Förderung brauchen qualifizierte Erziehung, Bildung und Betreuung. Wie Kinder unterschiedlichen Alters und Entwicklungsstandes in Gruppen zusammengeführt werden, ist eine konzeptionsabhängige pädagogische Entscheidung. Der übergeordnete sozialpädagogische Handlungsansatz, immer die Lebenssituation und Lebenswelten sowie die personellen und räumlichen Bedingungen zum Wohle der Kinder zu berücksichtigen, ist Ausgangspunkt für alle Entscheidungen.

Die fachkompetente Erzieherin präsentiert das Konzept ihrer Einrichtung schrittweise vom ersten Kontakt an und kann Rede und Antwort stehen.

In der Zeit der Neugründung der Bundesrepublik, der Zeit der Überwindung des Dritten Reichs und Errichtung eines demokratischen Staats, war es noch üblich, die „Defizite" eines Menschen als Förderansatz zu wählen. Der Mensch mit Behinderung wurde in früheren Zeiten, insbesondere bedingt durch die Ideologie des Nationalsozialismus, als „unwertes Leben" eingestuft. Es galt als Makel und peinlicher Schicksalsschlag einer Familie, ein Kind mit Behinderung zu haben. So kam es durchaus vor, dass Familien ihr behindertes Kind „versteckt" haben, weil ihnen die Furcht vor den Maßnahmen des Hitler-Regimes noch deutlich in Erinnerung war. Die Angst, dass ihnen diese Kinder „weggenommen", in „Anstalten" verwahrt, zu „medizinischen Versuchen benutzt" und möglicherweise sogar getötet werden, war noch zu gegenwärtig. Euthanasie ist der Begriff für das willentliche Töten eines Menschen, dessen Leben als „unwert" bezeichnet wird, so wie es im Dritten Reich nachweislich geschah.

Der Aufbau eines Sonderschulwesens und heilpädagogischer Kindergärten war bereits ein Zeichen der Neuorientierung gegenüber den Zeiten der Diskriminierung behinderter Menschen. Die engagierten Bemühungen, Kindern mit Behinderung eine Teilnahme an Bildung und Förderung zu ermöglichen, muss als ein Meilenstein in der Realisierung der Menschenrechte gesehen werden. Diese Denkweise war in den vergangenen Jahrzehnten die Basis für den Integrationsgedanken.

Miteinander und voneinander ohne Ausgrenzung zu lernen, gilt als effizienterer Weg. Der Inklusionsansatz gewährt allen Menschen gleiche Rechte im Bildungswesen.

### Inklusion oder Integration?

Bei der Integration wird davon ausgegangen, dass ein Mensch/Kind mit besonderem Förderbedarf (Behinderung) in eine Gruppe von „Gesunden" (ohne besonderen Förderbedarf) hineingeholt wird.

Dies impliziert eine gewisse Hierarchie in der Bewertung von Menschen, die keine Hilfe (die Gesunden) brauchen und denen, die hilfsbedürftig (behindert) sind. Bei den einen ist „alles in Ordnung", während die anderen „Defizite" aufweisen.

## Die Inklusion

ist die Form des Miteinanderlernens, bei der keine Unterschiede zwischen den Mitgliedern der Gruppe oder Klasse gemacht werden. Alle sind gleichberechtigt, egal, ob sie einen besonderen Förderbedarf haben oder nicht. Eine „Aussonderung" in spezielle, nur von behinderten Kindern besuchte Einrichtungen soll ausgeschlossen werden.

Dies ist eine Abkehr vom „Defizit"-Gedanken, der davon ausgeht, dass es jemandem „an etwas fehlt", das vom Gesunden abweicht. Ein Mensch mit Handicaps soll nicht allein über seine Behinderung definiert werden, sondern seine sonstigen zahlreichen menschlichen Qualitäten sollen mehr Beachtung finden. Es soll mehr in den Vordergrund rücken „was ein Mensch kann", anstatt „was er nicht kann". Die Kategorisierung „normal", „nicht normal" wird aufgelöst zugunsten eines gleichberechtigten Miteinanders, der Inklusion.

Dieser pädagogische Ansatz hat eine weitreichende Neuorganisation des Bildungswesens zur Folge und bedingt eine Umorientierung des pädagogischen Fachpersonals. Der Mensch in der Vielfalt seiner Fähigkeiten und Fertigkeiten soll im Mittelpunkt stehen.

Schon 1994 wurde von der UNESCO bei der Konferenz in Salamanca (Spanien) den Mitgliedsstaaten in Auftrag gegeben, die Inklusion in den Schulen zu etablieren.

Der Begriff Inklusion hat inzwischen Eingang in den gesamten Bildungs- und Erziehungsbereich gefunden. Auch wenn Inklusion aktuell als angestrebte Bildungsform für jede pädagogische Einrichtung gilt, so gibt es auch kritische Stimmen.

Aus Kreisen von Bildungsforschern, Sonderschullehrern und Heilpädagogen kommt Kritik. Es wird bezweifelt, dass Inklusion die einzige und beste Form für jedes Kind ist. Es bestehe die Gefahr, dass gesunde Kinder unterfordert und behinderte Kinder zu wenig spezielle, auf ihr Behinderungsbild abgestimmte Förderung erhalten.

Auch bei außerfamiliärer Betreuung von Kindern unter 3 sollte der Inklusionsansatz bei konzeptionellen Entscheidungen mit einbezogen werden.

*„Aktion Sorgenkind" nennt sich heutzutage „ Aktion Mensch". Es wird nicht mehr von „Behinderten" gesprochen, sondern von „Menschen mit Behinderung". Die Sonderschule (früher „Hilfsschule") heißt heutzutage „Schule für Kinder mit besonderem Förderbedarf".*

**MERKE** Das Bild von Behinderung verändert sich in folgenden Etappen:

- Abwertung und Diskriminierung
- Heilpädagogische, menschwürdige Förderung in speziellen Einrichtungen
- Integration von behinderten Menschen in allgemeinbildende Schulen und Kindergärten
- Inklusion als Form des uneingeschränkten Miteinanderlernens in gemeinsamen Einrichtungen
- Parallel schrittweise Anpassung der Begrifflichkeit

## 5.2 Die passende Betreuungsform finden

Die klassische Form der Betreuung von Kindern unter 3 ist die Kinderkrippe. Im Folgenden werden Modifizierungen und erweitere Formen vorgestellt.

### Altershomogene Gruppe in der Kinderkrippe

- Kinder, die nach Lebensalter einer Gruppe zugeordnet werden. Also Gruppen für 0- bis 1-jährige, 1- bis 2-jährige, 2- bis 3-jährige Kinder, danach Übergang in den Kindergarten.
- Oder weniger starr nach Alter: die Jüngsten (die Babys/Säuglinge), die Mittleren (noch Baby, schon „Laufkind"), die Älteren, also ab 2 Jahre bis zum Übergang in den Kindergarten.
- Jede Altersgruppe hat ihre Bezugserzieherin und entsprechende Helferinnen.

Für die Kinder bedeutet dies nach jedem Jahr einen „Aufstieg" in die nächst-„höhere" Gruppe und den Wechsel der Bezugsbetreuerin.

### Altersgemischte Gruppe in der Kinderkrippe

- Es werden entsprechend der Anzahl der Krippenkinder 2 oder 3 Gruppen gebildet, die über das gesamte Altersspektrum gemischt sind und bis zum Übergang in den Kindergarten zusammenbleiben.
- Jede Untergruppe hat ihre Bezugsbetreuerin und entsprechende Helferinnen. Erst mit dem Eintritt in den Kindergarten wechselt die Bezugsbetreuerin.
- Größe der Einrichtung, Personal und Räumlichkeiten bestimmen die Qualität der pädagogischen Arbeit und erschweren oder unterstützen eine individuelle Förderung.

### Integration von 2-Jährigen in Kindergartengruppe

- 15 Kinder im Alter von 2 Jahren bis zum Eintritt in die Grundschule bilden eine Gruppe.
- Maximal 5 2-Jährige zum Erhalt der pädagogischen Qualität.
- Gleicher Personalschlüssel wie in einer Regel-Kindergartengruppe.

### Familiengruppe von 0 bis 6 mit Alterserweiterung bis 15 Jahre

- Familienähnliche Altersstruktur.
- Alterserweiterung bis 15 Jahre eher selten.

### Der offene Kindergarten

- Keine feste Bindung an eine Gruppe, sondern an eine Bezugserzieherin.
- Freie Wahl der Aktivitäten nach Interesse in Funktionsräumen (Atelier, Cafeteria, Bewegungsraum, Rollenspielraum), die von pädagogischen Fachkräften beaufsichtigt und betreut werden.
- Bezugserzieherin ist Ansprechpartnerin für Kinder und Eltern und zuständig für Entwicklungsdokumentation gegenüber Eltern und Team.

Diese Form birgt insbesondere für Kinder unter 3 die Gefahr der Desorientierung.

### Das Familien(bildungs)zentrum

- Vielgruppige Einrichtung mit unterschiedlichen Gruppenformationen.
- Kinder aller Altersgruppen unter einem Dach.
- Erweitertes Fachpersonal in einem Haus (Beratung, Therapie).
- Einbindung ins lokale Umfeld (Institutionen, Vereine, Sozialberatung, Erziehungsberatung, Gesundheitsvorsorge).
- Angebot von Elternbildung – auch durch Fachpersonal von außen (z. B. Sprachkurse für Eltern mit Migrationshintergrund).
- Hochgradige Vernetzung.

Das Familienzentrum ist eine vielgestaltige Organisationsform. Hier sind alle Altersgruppen, Eltern/Erziehungsberechtigte, Angehörige sowie weitere, die pädagogische Arbeit ergänzende und gestaltende Berufsgruppen, unter „einem Dach“ integriert. Das Familienzentrum ist eine eng mit dem lokalen Umfeld verbundene Institution und öffnet die Einrichtung für alle auf gelingende Familienarbeit orientierten Kreise. Es soll eine Begegnungsstätte und Knotenpunkt zur Förderung von Kindern und Unterstützung für Familien sein. In einem solchen Netzwerk werden Familien „von Anfang an“ erreicht. Die Kontaktaufnahme untereinander ist barrierefrei und schnell zu erreichen. Dies ist eine besondere Chance für Familien mit Migrationshintergrund sowie aus bildungsfernem Milieu. Familien mit Kindern, die speziellen Förderbedarf haben, finden hier frühzeitig Ansprechpartner.

Die Erfahrung hat gezeigt, dass Familienzentren eine Chance für muslimische Frauen bieten, die nach traditioneller Auffassung mehr im Haus als in der Öffentlichkeit walten sollen. Da in Familienzentren in erster Linie auf das Kind bezogene Themen und Kontakte im Mittelpunkt stehen, ist die Chance auf höhere Akzeptanz seitens traditionell eingestellter Ehemänner und weiterer Familienmitglieder größer. Auch Kurse für Frauen zum Erwerb der deutschen Sprache werden in einer familienbezogenen Institution eher angenommen als in reinen Erwachsenenbildungsstätten. Sogenannte „niederschwellige“ Angebote gelten als erfolgversprechend.

Familienzentren sind keine „deutsche Erfindung“. In Großbritannien arbeiten sie als „Early Excellence Center“, in den USA mit der Bezeichnung „Judy Center“.

### Die Tagespflege

Die Tagespflege findet außerhalb öffentlicher Einrichtungen statt, normalerweise in der Familienwohnung bei der sogenannten Tagesmutter (oder dem Tagesvater).

Die Tagesmutter betreut mehrere Kinder, oftmals zusammen mit ihren eigenen. Sie wird vorzugsweise für die Betreuung von Kindern unter 3 Jahren gewählt (sicherlich auch deshalb, weil für ältere Kinder öffentliche Kindertagesstätten ausreichend vorhanden sind). Die Tagesmutter arbeitet quasi als private Kleinunternehmerin und finanziert ihre Betriebskosten und Personalkosten (= eigener Lohn) über die Beiträge der Eltern und Zuschüsse der Jugendämter und des jeweiligen Bundeslands.

Der Bundesverband der Tagesmütter setzt sich seit längerer Zeit für eine bessere rechtliche und finanzielle Situation der Dienstleisterinnen ein. Diverse Bildungsträger bieten Kurse zur Qualifizierung als Tagesmutter an. Diese Ausbildung zu absolvieren, ist bislang noch eine private Entscheidung der jeweiligen Tagesmutter. Jugendbehörden und Träger der Jugendhilfe nehmen Tagesmütter meist jedoch erst dann zur Empfehlung in ihre Vermittlungslisten auf, wenn eine Ausbildung nachgewiesen wird. Diese Regelung stärkt den Ausbildungswunsch von Tagesmüttern.

In der Tagespflege werden weitere Formen der Betreuung praktiziert: Tagesmütter schließen sich z. B. zu „Kooperativen" zusammen. In entsprechend großen Räumlichkeiten betreuen sie ihre Tageskinder in eigener Verantwortung, aber in Zusammenarbeit mit Kolleginnen.

Die Tagespflege ergänzt häufig die Betreuung in einer öffentlichen Einrichtung und gewährleistet Eltern mit wechselnden Arbeitszeiten, z. B. im Schichtbetrieb, eine verlässliche durchgängige Betreuung ihres Kindes.

### Den Betreuungsalltag zum Wohle der Kinder gestalten

| Gruppe | Vorteile und Chancen | Nachteile und Schwierigkeiten |
|---|---|---|
| **Kinderkrippe, altershomogen** jahrgangsweise | Es können feste Zeiträume für notwendige Abläufe eingeplant werden. Z. B. werden zu einem bestimmten Zeitpunkt alle Babys der Reihe nach gewickelt und gefüttert. Anschließend folgt eine Ruhezeit, in der alle Säuglinge zum Schlafen gelegt werden. | Hoch arbeitsintensive Abläufe, bei denen die Bewältigung der Aufgabe im Vordergrund steht und nicht der individuelle Umgang mit dem Kind.<br>Durch die Uhr gesteuerte Vereinheitlichung des individuellen Rhythmus von Hunger, Ruhe und Wachsein.<br>Hoher Lärmpegel (Babys schreien gleichzeitig bei Hunger, Müdigkeit)<br>Es kann eintönige, nervenaufreibende „Fließbandarbeit" entstehen. |

| Gruppe | Vorteile und Chancen | Nachteile und Schwierigkeiten |
|---|---|---|
| Kinder-krippe **alters-gemischt** | Erzieher können sich auf eine „überschaubare" Zahl von Säuglingen einstellen, die viel Pflege benötigen, aber auch viel Schlafzeiten haben. Außerdem Kleinkinder, die quirlig und bewegungsfreudig sind und viel Aufsicht benötigen.<br>Die Ruhezeiten der Säuglinge können zum intensiveren Umgang/Förderung mit den Kleinkindern genutzt werden.<br>Reduzierung der Anzahl der Kinder, die besondere Aufmerksamkeit benötigen. | Die pädagogischen Fachkräfte müssen einen individuellen Förderansatz wählen, die Entwicklung dokumentieren und im regen Austausch im Team stehen.<br>Es bedarf eines breit gefächerten Fundus an Spielideen für unterschiedliche Altersgruppen und einer ideenreichen Gestaltung, wenn alle Kinder gleichzeitig etwas miteinander unternehmen. |
| **2-Jährige im Kinder-garten** | Die in diesem Alter bereits lauffähigen Kleinkinder verfügen über sprachliche Kommunikation, die durch den Kontakt mit den älteren Kindern weiter gefördert werden kann.<br>Die „Großen" umsorgen die „Kleinen": Sie helfen meist gern (und freiwillig) beim Ankleiden und Essen und steigern dabei auch die eigenen Kompetenzen.<br>Einüben sozialer Kompetenzen gegenüber Jüngeren (als quasi „Geschwisterersatz").<br>Das Kleinkind orientiert sich „nach oben".<br>Zuschauen als Anregung. | Die Betreuerinnen müssen die Prozesse (auch der Mithilfe der älteren Kinder) noch aufmerksamer und vielschichtiger beobachten. Überforderung der jüngeren Kinder muss beachtet und vermieden werden. |
| **Familien-gruppe** altersge-mischt 0 bis 6 Jahre | Die Kinder sind „von Anfang an" zusammen und können eine stabile Gruppe (auch mit den Eltern) bilden. Es scheiden immer nur wenige aus und es kommen nur wenige hinzu.<br>Stabile Gruppenzugehörigkeit und konstanter Beziehungsaufbau zu den Betreuerinnen. | Hohes Maß an fachlicher Kompetenz und Flexibilität erforderlich.<br>Voraussetzung: entsprechende Ausbildung und konstante Weiterbildung.<br>Bereitschaft zur Teamarbeit auf organisatorischer und persönlicher Ebene. |

| Gruppe | Vorteile und Chancen | Nachteile und Schwierigkeiten |
|---|---|---|
| | Keine krassen Übergänge durch frühen Gruppenwechsel.<br>Durch entsprechende Altersmischung entstehen kleine Untergruppen, die je nach pädagogischem Anliegen getrennt oder gemeinsam betreut und gefördert werden können.<br>Die Betreuer können die Entwicklung über einen längeren Zeitraum beobachten und pädagogisch handeln. | Bereitschaft, sich mit der eigenen Persönlichkeit auf die vielschichtige pädagogische Arbeit einzulassen. |
| Familiengruppe altersgemischt 0-15 Jahre | Eine sehr große Ähnlichkeit der Altersstruktur einer Mehr-Kind-Familie. | Um die älteren Schulkinder einzubinden, muss die Gruppenstruktur langfristig stabil sein. |
| **Inklusive Gruppen** | Das frühe „Miteinanderleben und -lernen" ist das ideale Abbild der realen Gegebenheiten in der Gesellschaft.<br>Ausgrenzung wird unterbunden und führt bestenfalls zu einer höheren Akzeptanz von behinderten Menschen von Anfang an.<br>Die Zusammenarbeit unterschiedlicher Fachkräfte ermöglicht das „Voneinanderlernen" im Team.<br>Vorbereitung auf inklusive Schulen. | Die fachliche Ausbildung ist noch nicht hinreichend auf inklusive Bildung, Erziehung und Betreuung ausgerichtet.<br>Spezielle Behinderungsbilder erfordern besonders ausgebildete heilpädagogische Kräfte und Therapeuten. Nur wenn die fachliche Betreuung gesichert ist, bestehen keine Nachteile.<br>Die räumliche Gestaltung von Einrichtungen ist noch nicht hinreichend angepasst. |
| **Offener Kindergarten** keine festen Gruppen | Von Anfang an wird das Kind herausgefordert, seine eigenen Bedürfnisse bei der Wahl des Spielinhalts, des Spielpartners und der erwachsenen Bezugsperson zu finden.<br>Für noch nicht mobile Kleinkinder gänzlich ungeeignet. | Die Jüngsten haben keinen konstanten Kontakt zur Bezugserzieherin.<br>Extrem hoher Anspruch an Beobachtung und situationsgerechte Handlungsweisen. |

| Gruppe | Vorteile und Chancen | Nachteile und Schwierigkeiten |
| --- | --- | --- |
| | Nur bei entsprechenden Räumlichkeiten und ausreichendem Personalschlüssel kann diese „große Freiheit" nutzbringend sein. | |
| **Tages-pflege** | Die Tagespflege bietet jungen Kindern und Säuglingen eine familienähnliche Betreuung. Oft werden die Kinder in eine schon bestehende Familiengemeinschaft eingebunden. Die Qualität wird sehr durch die Persönlichkeit der/des „Tagesmutter/-vaters" geprägt. Bei kindgerechten räumlichen Verhältnissen, Weiterbildungsinteresse, positiver, liebevoller Einstellung zum Kind und Offenheit für die Anliegen der Eltern kann eine gute pädagogische Beziehung entstehen. Tagesmütter kooperieren manchmal mit anderen Tagespflegestellen, um fachlichen, kollegialen Austausch herzustellen. | Tagesmütter werden erst neuerdings „ausgebildet". Dabei handelt es sich um Kurse, die nicht mit einem qualifizierten Abschluss enden. Die Jugendämter verlangen einen Kurs-Teilnahme-Nachweis. Die Tagesmutter muss vermitteln zwischen den Interessen der eigenen Familienmitglieder und den Bedürfnissen des Gastkindes. Eigene Kinder der Tagesmutter sind oft „eifersüchtig", müssen den „zahlenden" Gast akzeptieren lernen. |

**Zusammenfassung**

- Kinderkrippe altershomogen: eher ein Relikt aus der Vergangenheit
- Kinderkrippe altersgemischt: aktuell die häufigste Form
- 2-Jährige im Kindergarten: Öffnung der Kinderkrippe zur weiteren Altersmischung
- Familiengruppe: Möglichkeit der Betreuung von Schulkindern, die nicht durch Schülerhort oder offenen Ganztagsschule versorgt sind. Familienstruktur und Ausgleich für Einzelkinder.
- Inklusive Gruppen: Zukunftsvision, die noch weiterer konzeptioneller Planung bedarf.
- Tagespflege: Ergänzung zu Ku3-Einrichtungen, z. B. bei extremen Arbeitszeiten der Eltern (Schichtarbeit, wohnortsferner Arbeitsplatz) und ergänzungsbedürftigem familiären Hintergrund.

# ERZIEHUNGS-PARTNERSCHAFT AUFBAUEN

6

Familie und Betreuungseinrichtung müssen „an einem Strang" ziehen. Dies gilt in besonderem Maße für die Betreuung von Kindern unter 3 (s. Kap. 4 Eine sichere Bindung macht stark fürs Leben).

## 6.1 Formen der Zusammenarbeit

| Form der Elternarbeit | Praktische Umsetzung |
|---|---|
| **Gespräche**<br>• im Alltag zwischen Tür und Angel | Während dieser Begegnung wird „Atmosphäre" geschaffen (guter Einstieg für Kind und Eltern).<br>Aktueller Kurz-Informationsaustausch während des Betreuungsalltags.<br>Kommunikationsbereitschaft signalisieren. |
| • das geplante Elterngespräch z. B. beratend „Entwicklungsgespräch" auf konkreter Beobachtung/ Dokumentation aufbauend | Ruhige, ungestörte kommunikationsfördernde Atmosphäre schaffen.<br>Auf Augenhöhe, partnerschaftlich, fachlich kompetente Beratung sicherstellen. |
| **Gemeinsame Aktionen**<br>• Feste<br>• Workshops zur Verbesserung der pädagogischen Rahmenbedingungen (Bauaktionen, Kita-Zeitung, humanitäre Projekte, Basare). | Zur Mitgestaltung und „Hilfe" motivieren, die Kompetenz der Eltern wertschätzend in die pädagogische Arbeit einbeziehen. |
| **Informationsveranstaltungen**<br>Themen kommen aus dem Mitteilungsbedarf der Einrichtung oder dem Informationswunsch der Eltern, insbesondere die Altersgruppe betreffend. | Lebhafter Vortrag! Visualisierung (PowerPoint, Kurzfilme, Fotoprojektion, Plakate, Wandzeitungen).<br>Arbeitsteiliger Vortrag nach Themenfeld (Leiterin, andere pädagogische Mitarbeiterinnen). |

# 7 SOZIALPÄDAGOGISCHE HANDLUNGSWEISEN

Die angewandten Methoden sind nicht allein Ausdruck des persönlichen Talents, sondern Folge fachlich fundierter didaktisch-methodischer Überlegungen. Im Zusammenspiel machen sie die professionelle pädagogische Persönlichkeit aus.

## 7.1 Die eigene Persönlichkeit als „Handwerkszeug" einbringen

- Die Erzieherin gestaltet pädagogische Prozesse auf der Basis ihres Fachwissens im Einklang mit ihren persönlichen Kompetenzen. Die eigene Persönlichkeit ist ein wichtiges „Handwerkszeug" und repräsentiert ihre pädagogische „Glaubwürdigkeit" und Authentizität.
- Pädagogisches Handeln lässt nicht zu, mit den eigenen Standpunkten „hinter dem Berg zu halten", verlangt jedoch ein hohes Maß an Neutralität und Ausgewogenheit gegenüber allen Mitwirkenden.
- Aus den persönlichen Grundeinstellungen zum Leben, zur pädagogischen Arbeit (etwas zulassen können: ausprobieren, lernen, entdecken) werden Ziele und methodische Umsetzung abgeleitet. Pädagogisch tätige Menschen stehen als Vorbild da. Von ihnen wird menschliche und pädagogische Kompetenz erwartet. Sie beziehen dabei ihre biografischen und pädagogischen Lebenserfahrungen ein.
- Vonseiten der Öffentlichkeit werden hohe Erwartungen an erzieherisch tätige Berufsgruppen gerichtet. Diese sind Erwartungsdruck und Kritik ausgesetzt. Menschliche Unzulänglichkeiten werden einem professionellen Erzieher im höchsten Maß negativ angerechnet. Auch in dieser Hinsicht muss eine im permanenten pädagogischen Prozess stehende Person achtsam mit den eigenen Energien, emotionaler Verarbeitung und Stressbewältigung umgehen.
- In pflegenden Berufen ist die sogenannte „**Überlastungsanzeige**" ein institutionalisierter Hilferuf, wenn die persönlichen Kräfte zur Bewältigung nicht mehr ausreichen. Ein Ruf nach Hilfe ist nichts Peinliches, sondern schützt die zu Betreuenden vor möglichen Überlastungsfolgen.
- Pädagogisches Handeln lässt sich lernen, bedarf aber immer wieder der Reflexion und Innovation.

**MERKE Diese Kompetenzen braucht eine pädagogische Fachkraft:**

- Die eigene Persönlichkeit selbst erkennen und annehmen.
- Positive, liebevolle Einstellung zum Kind.
- Interesse an pädagogischen Themen.
- Höflicher und freundlicher Kommunikations- und Sprachstil.
- Interesse an Neuem und fundiertes Allgemeinwissen.
- Offenheit für den Selbstbildungsprozess des Kindes.
- Positive Lebenseinstellung und Achtsamkeit gegenüber der eigenen Person.
- Persönliche Anteilnahme und absolute Diskretion.

## 7.2 Übergänge gestalten, Übergänge begleiten

**Übergänge/Transitionen** sind zeitlich begrenzte Phasen in der Entwicklung des Menschen. Sie werden durch erstmalige und in ihrer speziellen Art einmalige bedeutsame Ereignisse ausgelöst. Sie haben krisenhaften Charakter, sind jedoch persönlichkeitsstärkend für alle Beteiligten, wenn genügend Zeit für aktive Bewältigung eingeräumt wird.

Die Gestaltung von Übergangsprozessen ist eine übergreifende Handlungsweise. Die pädagogische Fachkraft ist Mittlerin zwischen Eltern und Kind. Damit ein Übergang gelingt, werden an alle Beteiligten hohe Anforderungen gestellt:

- Der Säugling oder das Kleinkind soll die vertraute Atmosphäre in der Familie zeitweise verlassen und sich neuen, gänzlich andersartigen Bedingungen in einer sozialpädagogischen Institution anpassen.
- Seine Eltern müssen das innere Vertrauen finden, ihren Nachwuchs anderen Personen temporär zu überlassen. Dies geschieht in einem äußerst sensiblen Lebensabschnitt: am Anfang, inmitten oder während der Bindungsphase. Die Qualität der Beziehung zu seinen nächsten Angehörigen stellt Weichen für die sozial-emotionale Entwicklung, die Basis für vielerlei Kompetenzen.
- Die pädagogische Fachkraft hat die Aufgabe, durch professionelles Handeln den Übergangsprozess zu begleiten. Sie fungiert als Bezugsperson auf Zeit und übernimmt die Weiterentwicklung der Bindung. Sie hat die schwierige Aufgabe, den Eltern zu verdeutlichen, dass sie das Kleinkind verantwortungsvoll betreuen wird. Zum Aufbau des Beziehungsgeflechts einer Erziehungspartnerschaft wird ein hohes Maß an Empathie und Fachwissen benötigt. Selbst verunsicherte Kinder können durch professionell gestaltete Übergangsphasen verlässliches Verhalten kennenlernen und auf Dauer wieder Zuversicht entwickeln.

Erlebte und gelernte Muster verlässlicher Übergänge dienen als Modell für weitere ähnliche Situationen, die im Leben der Kinder noch häufig auf verschiedenster Ebene vorkommen werden.

*Vielerlei Übergangssituationen:*
- *von einem vertrauten Ort zu einem neuen, unbekannten Ort (Wohnungswechsel, von zu Hause in die Einrichtung, zur Tagesbetreuung, zu Angehörigen)*
- *von vertrauten Personen zu fremden Personengruppen*
- *in verschiedenen Phasen des Tagesablaufs (vom Spiel zur Mahlzeit)*
- *von der Aktivität zur Ruhe (Schlafen)*
- *in neue Spielgruppen*
- *zu weiteren Personenkreisen (unbekannte Erwachsene, Vertreter von Institutionen (Kinderarzt, Ärzte bei Untersuchungen im Kindergarten))*
- *von vertrauten Verhaltensweisen zu anderen, fremden, ungewohnten Verhaltensweisen*

## Die Betreuerin als Übergangsbegleiterin

- Sie ist „feste" Bezugserzieherin und erste Anlaufstelle beim „Bringen". Sie wird ausdrücklich begrüßt und „übernimmt" das Kind.
- Sie ist Mittlerin zwischen Eltern und Kind. Sie ist Bezugsperson auf Zeit und fungiert als Stellvertreter der Eltern während der Betreuungszeit.
- Sie erkennt „ungestellte Fragen" und kann Ängste und Sorgen beim „Übergabeprozess" erkennen und sachlich reagieren.
- Sie nimmt Gewohnheiten des Kindes wahr und erfragt sie nötigenfalls.
- Sie achtet auf bestehende Bindungsstrukturen. Bei evtl. Defiziten versucht sie, diese im erziehungspartnerschaftlichen Prozess auszugleichen. Sie knüpft am positiv Gelungenen an und bezieht weitere Institutionen zur Behebung von Problemen ein.
- Sie ist in ihren Handlungsweisen transparent und verständlich.
- Sie baut Vertrauen auf und entwickelt mit den Stärken des Kindes und der Eltern Lösungen.

## Die Lebenssituation des Kindes berücksichtigen

Sozialpädagogische Arbeit basiert auf dem Grundsatz, das Kind „dort abzuholen, wo es steht" – in diesem Falle seine bisherigen Lebenserfahrungen und -gewohnheiten in das Kinderkrippenleben zu integrieren.

Für ein Kleinkind ist es wichtig, seine häuslich vertraute Lebensumgebung im neuen Umfeld, z. B. der Kinderkrippe, wiederzufinden. Dazu gehört zum einen, dass die Bezugserzieherin Informationen über sein bisheriges Leben und seine Gewohnheiten erhält und diese – natürlich diskret – in den Betreuungsalltag einfließen lässt.

Ein gelungenes Beispiel der Verbindung der Lebenswelten Familie – Kinderkrippe sind Fotos der Kinder mit ihren Angehörigen. Solche Fotos finden nicht nur großes Interesse in der Kindergruppe und regen zu vielerlei Gesprächen an (bei Kleinkindern: zeigen „Da, da … Mama, Papa, Katze, Hund, Bruder, Schwester, Oma, Opa …"). Sie helfen auch Eltern bei der Orientierung, wer zu wem gehört. Oftmals spiegeln die Fotos besondere Ereignisse im Leben des Kindes wider, verbunden mit Erinnerungen an die Wohnumgebung und Personen zu Hause. Je nach Alter erkennt das Kleinkind sich in diesen Bildern wieder und teilt sich auf die ihm mögliche Art und Weise mit.

Wenn Eltern die Fotos ihrer Kinder an die Bezugserzieherin weitergeben, ist dies schon ein geeigneter Anlass, über die häusliche Lebenswelt zu sprechen. Falls Eltern keine Fotos bereithalten, kann die Erzieherin selbst Fotos anfertigen. (Eine Kamera gehört zum Inventar jeder Tageseinrichtung für Kinder!)

Das Erfassen der Lebenssituation jedes einzelnen Kindes ist unerlässlich. Informationen werden vertraulich zum Wohle der Kinder behandelt.

## 7.3 Die Eingewöhnungsphase bei Neuaufnahme

Die Trennung von den Bezugspersonen aus einer bestenfalls sicher gebundenen Beziehung ist der für das junge Kind schwierigste Übergang. Die bei der praktischen Umsetzung angewandten Methoden und Vorgehensweisen sind auf ähnlich gelagerte Situationen übertragbar.

Die primär zuständige Bezugserzieherin führt das Einführungsgespräch und plant mit der Mutter/dem Vater den Eingewöhnungsprozess. Zunächst möchte sie möglichst viel über das Kind und seine Familie erfahren (Lebenssituation). Hauptanliegen ist es, ein stabiles (und für die gesamte Betreuungszeit gültiges) Beziehungsgefüge zwischen Kind, Bezugserzieherin und Eltern aufzubauen.

Dies unterstützt auch die Bereitschaft der Eltern, bei zukünftigen Entwicklungsgesprächen Hilfe und Ratschläge anzunehmen. Insbesondere Erfolgsmeldungen über Fortschritte und positive Erlebnisse des Kindes stärken das Vertrauen.

Kinder können bereits ab einem Alter von 4 Monaten in die Krippe kommen (in Einzelfällen sogar bereits nach Ablauf der Mindest-Mutterschutzzeit von 8 Wochen nach der Geburt). Deshalb benötigen Eltern Beratung über den „richtigen Zeitpunkt" aus pädagogischer Sicht.

Aufgrund des Elternzeitgesetzes erfolgt der Eintritt in die Ku3-Betreuung oft mit 12-18 Monaten. Diese Eintrittszeit wird auch aus sozialpädagogischer Sicht als günstig erachtet.

Eine Eingewöhnung während der sogenannten Vorbindungsphase erscheint wenig sinnvoll (vgl. Tabelle Kapitel 4.1). Die Phase im Alter bis zu 8 Monaten, in der die Bindung entsteht, ist ebenfalls als kritische Zeit zu betrachten, insbesondere dann, wenn der Säugling gerade in der sog. Fremdel-Phase ist.

### Praktische Umsetzung im Aufnahmegespräch

| Themen | Beitrag der Einrichtung | Beitrag der Eltern |
|---|---|---|
| Motive der Eltern zur Wahl dieser Einrichtung | Freundliche Gesprächsatmosphäre schaffen, Verdeutlichen, dass die Fragen nicht der Befriedigung von Neugier dienen, sondern wichtige pädagogische Grundlage sind. Datenschutz betonen. | Offenheit gegenüber der neuen Situation zeigen. |
| Die persönlichen Vorhaben ,z. B. Rückkehr in die Berufstätigkeit | Schon jetzt darauf aufmerksam machen, dass die Eingewöhnung Zeit braucht, groben Ablauf schildern. Tipps zur terminlichen Gestaltung geben. | Das persönliche Vorhaben schildern und Ablauf notieren. Evtl. Absprachen mit weiteren Beteiligten ins Gespräch bringen. |
| Die aktuelle Familiensituation | Hinweis, dass in den Eingewöhnungsprozess durchaus mehrere Personen einbezogen werden können, z. B. Helfer für die Versorgung älterer Kinder usw. Dabei erfährt man bereits einiges über die „Familienorganisation". | Erkennen, dass mit der Eingewöhnung und der Unterbringung auch im persönlichen Umfeld „Helfer" benötigt und erwünscht sind. Sicherheit gewinnen, dass die Situation „gemeistert" werden kann. |

Am Tag der Anmeldung sollte ein Anmeldebogen vorliegen, der entweder direkt oder mit vereinbartem Rückgabetermin ausgefüllt werden kann. Diesen mit einem Hinweis auf eine Bedenkzeit zur endgültigen Anmeldung, mögliche Eintrittstermine und eventuell bestehende Wartelisten übergeben.

Der grobe Ablauf der Eingewöhnung (auch konkrete Termine!) sollte den Eltern bewusst sein. Es wird nachdrücklich betont, dass dieser Prozess in der verabredeten Form dem Wohle des Kindes dient. (S. auch Kap. 1 Lieselotte Ahnert, die auf die konsequente Einhaltung von Eingewöhnungsschritten pocht.)

**TIPP**

Unter dem Stichwort „**Eingewöhnung in die Kinderkrippe**" werden im Internet zahlreiche in der Grundaussage ähnliche Modelle zur Eingewöhnung publiziert.

Das folgende Eingewöhnungsmodell beruht auf wissenschaftlich gesicherten Erkenntnissen der Bindungstheorie und ist als praktisch umsetzbarer Vorschlag zu verstehen.

**KompaktANLEITUNG:**

### Phase 1 Anwesenheit

Die Bezugsperson ist als verlässliche Basis stets erreichbar. Aufenthalt nicht länger als zwei Stunden*. Kind und Bezugsperson verlassen gemeinsam die Einrichtung. Diese Phase sollte ca. 3 Tage dauern.

**Bezugsperson**

Sie bleibt die erste Bezugsperson. Füttert, übernimmt Körperpflege, bietet Körperkontakt, tröstet. Gewinnt Einblick in das Gruppengeschehen (Kinder, Abläufe, Räumlichkeiten, pädagogisches Klima).

**Kind**

Es erhält im Schutz der Bezugsperson Zeit zum Beobachten, um die zahlreichen neuen Eindrücke aufzunehmen (Räumlichkeiten, Spielgegenstände, Kinder, Erzieherinnen, Sinneseindrücke). Kontaktversuche nur, wenn sie vom Kind ausgehen oder von ihm akzeptiert werden.

**Erzieherin**

Die Erzieherin ist dabei, wenn Bezugsperson das Kind füttert u. a. Erfasst persönliche Besonderheiten des Kindes. Begleitet das Kind bei der ersten Begegnung mit der neuen Situation.

**Methodisch-didaktische Überlegungen**

Die erste Phase dient dem gemeinsamen Kennenlernen und Erleben im Gruppengeschehen. Akklimatisierung ohne Anspruch auf ein „schnelles" Eingewöhnen vermittelt Sicherheit für Kind und Bezugsperson. Die Erzieherin kann das Kind in Ruhe beobachten und erhält Einblick in den Umgangsstil der Bezugsperson.

### Phase 2 Kooperation

Die Erzieherin führt in Zusammenarbeit mit der Bezugsperson die täglichen Aufgaben wie Wickeln durch. Für das Kind entsteht Vertrauen und Sicherheit. Seine Gewohnheiten werden berücksichtigt. Neben der verlässlichen Beziehung erlebt es keine weiteren gravierenden Veränderungen im Ablauf. Ein halbtägiger Aufenthalt wird empfohlen. Trennung nur kurzzeitig innerhalb der Einrichtung.*

**Bezugsperson**

Sie überlässt der Erzieherin weitgehend die täglichen Aufgaben, ist jedoch anwesend und assistiert eventuell. Es findet zugewandte, positive Kommunikation zwischen Kind, Erzieherin und Bezugsperson statt. Die Bezugsperson kann kurzzeitig den Raum verlassen, signalisiert dies jedoch dem Kind. Sie bereitet sich innerlich auf das baldige Überlassen des Kindes in der Einrichtung vor.

### Kind

Mögliches Verhalten des Kindes:

- Erste eigenständige Schritte/Kontakte, vermutlich mit Rückversicherung auf die Bezugsperson.
- Das Kind lässt sich auf Kontakte mit der Erzieherin ein.
- Das Kind klammert nicht.
- Das Kind akzeptiert tägliche Verrichtungen durch die Erzieherin.
- Das Kind wehrt sich nicht gegen Trostversuche.

### Erzieherin

Die Erzieherin geht initiativ auf das Kind zu und übernimmt die anfallenden Aufgaben. Sie bezieht die Bezugsperson in diese Handlungen ein und vermittelt eine vertrauensvolle Atmosphäre und Zusammenarbeit. Beim kurzzeitigen Verlassen des Raumes seitens der Bezugsperson bietet sie sich als Kontaktperson an. Sie tröstet das Kind bei Bedarf und vermittelt Zuversicht auf die baldige Rückkehr der Bezugsperson. Die Erzieherin nimmt das Kind u. U. „an die Hand" und initiiert Spielkontakte.

### Methodisch-didaktische Überlegungen

In der Phase der Kooperation von Bezugsperson und Erzieherin erlebt das Kind das zunehmende Vertrauen und gewinnt so Sicherheit. Wenn dieser Prozess ohne Drängen auf schnelles Gelingen verläuft, ist eine gute Basis für die Eingewöhnung gegeben. Kinder, die sanft und sicher eingewöhnt werden, haben ein nachweislich besseres Grundbefinden (sind auch krankheitsresistenter). Eine sanfte und bewusste Eingewöhnung ist ein Qualitätsmerkmal für eine Tageseinrichtung. Insofern besteht im Team Bereitschaft, der Bezugserzieherin Zeit und Raum für diesen Prozess einzuräumen.

---

## Phase 3 Die Übernahme

Die Erzieherin agiert nun eigenverantwortlich, die Bezugsperson zieht sich stufenweise zurück. Mindestens 6 Wochen lediglich eine halbtägige Betreuungszeit einplanen.*

### Bezugsperson

Sie spielt vermehrt auch mit anderen Kindern, übernimmt Hilfstätigkeiten. Bleibt in Reichweite bei täglichen Verrichtungen. Vorbereitung auf den Abschied, d.h. das Verlassen der Einrichtung ohne das Kind.

### Kind

Es bringt sich eigenständig (je nach Alter) ins Spiel ein, wirkt zufrieden, zeigt kaum Zeichen von Verunsicherung. Durch die zeitweise Abwesenheit der Bezugsperson hat das Kind den Abschied bereits „geübt".

### Erzieherin

Sie wendet sich zunehmend wieder dem Gesamtgruppengeschehen zu, doch mit besonderem Augenmerk auf das neue Gruppenmitglied. Sie ermutigt Bezugsperson und Kind, die Eingewöhnungszeit zu beenden.

### Methodisch-didaktische Überlegungen

Das Team steht nunmehr wieder mit ungeteilter Aufmerksamkeit dem Gesamtgruppengeschehen sowie individuellen pädagogischen Anforderungen zur Verfügung. Ein unnötiges Herauszögern ist nicht förderlich – bisweilen benötigen Eltern den Anstoß und das Kind die Herausforderung. Länger als zwei Wochen sollte die Eingewöhnungszeit nicht dauern.*

## Phase 4 Die Verabschiedung

Sie wird trotz aller „Übung" für die Beteiligten ein besonderer Schritt sein, der mit zahlreichen, auch widersprüchlichen Gefühlen verbunden ist. Je sicherer sich die Bezugsperson fühlt, desto leichter wird es dem Kind fallen, sich in die neue Situation einzuleben.

### Bezugsperson

Sie sollte die Einrichtung zügig und in herzlicher Weise verlassen (evtl. mit Hilfe eines täglichen Rituals oder dem Helfer „Kuscheltier"). Es sollte Telefonrufbereitschaft bei Untröstlichkeit des Kindes bestehen! Nach ca. einer Stunde kann in der Einrichtung angefragt werden, wie es dem Kind geht.

### Kind

Wenn das Kind weint, braucht es den Trost der Erzieherin, ebenso bei emotionalem Rückzug. Diese Phase kann individuell sehr unterschiedlich verlaufen. Ein Kuscheltier ist ein treuer Begleiter und hilft über Abschiedsschmerz hinweg.

### Erzieherin

Sie begleitet bei der direkten Verabschiedung oder beim Winken. Sie schenkt dem Kind besondere Aufmerksamkeit: Sie übernimmt es direkt von der Bezugsperson, nimmt es z. B. an die Hand, auf den Arm, auf den Schoß und begleitet es in eine Aktivität. Angebot von Körperkontakt.

### Methodisch-didaktische Überlegungen

Es kann durchaus passieren, dass ein Kind sich zunächst scheinbar leicht trennt und nach einigen Tagen Trennungsschmerz zeigt. Dies kann ebenfalls bei den Bezugspersonen geschehen. Es kann hilfreich sein, die Bezugspersonen auf die Ambivalenz ihrer Empfindungen aufmerksam zu machen oder Selbstreflexion in Gang zu setzen. Zur Verabschiedung gehört auch die baldige Begrüßung beim Abholen. In einem verlässlichen, überschaubaren Rhythmus entwickelt sich Sicherheit.

* Zeitangaben über die Dauer der Phase/n sind jeweils an die gegebene und aktuell beobachtbare Situation anzupassen; also nicht verbindlich.

## 7.4 Die räumliche Umgebung und den Tagesablauf strukturiert gestalten

Räumlichkeiten und Tagesstationen und die agierenden Personen sind eine sich gegenseitig bedingende Einheit. Die verlässliche Wiederkehr von Handlungsabläufen in bekannten Räumen mit vertrauten Personen vermittelt Verhaltenssicherheit für alle Beteiligten. Die Struktur wird in der Eingewöhnungsphase gelegt (s. Kap 7.3).

### Verlässliche Rahmenstrukturen sichern Flexibilität

So könnte das **Motto** für eine durchschaubare und Sicherheit spendende Lebensumgebung lauten und es gilt ebenso für Menschen in höherem Lebensalter, für Erwachsene, Jugendliche, also auch für die abgebenden Eltern. Zu wissen, was auf einen zukommt und sich in diesem Rahmen orientieren zu können, verleiht innere Ruhe. Damit werden auch unvorhergesehene Situationen souverän und gelassen gemeistert.

Kinder unter 3 brauchen Erwachsene mit innerer Ruhe und Sicherheit!

Der Lebensrhythmus des Säuglings ist bestimmt von existenziellen Bedürfnissen: Hunger, Durst, Verdauung, Schlaf, Wärmeempfinden, Zuwendung. Da er in jeder Hinsicht auf die Hilfe und Unterstützung von Angehörigen angewiesen ist, kann ihm ein verlässlicher Rahmen von Anfang an die „Gewissheit" verleihen, dass er in seiner Bedürfnisbefriedigung nicht im Stich gelassen wird.

### Räume für Kinder sind Orte der Selbstbildung

**Größe**

Es sollen jedem Kind 2,5 qm Innenraum zur Verfügung stehen. Gerade kleine Kinder brauchen viel Bewegungsfreiheit, weil sie noch nicht absolut sicher laufen und somit Hindernissen nicht immer ausweichen können.
Wichtig ist auch, dass die Erzieherinnen sich frei bewegen können. Es sollten separate Bereiche zum Wickeln und für die Nahrungszubereitung eingerichtet werden.

Ein Gruppenraum sollte kindbezogen ausgestattet sein. Kindbezogen bedeutet: Das Kind soll sich in dem Raum „wiederfinden", den Raum als privaten Bereich erleben, den es mit anderen teilt.

Dazu gehören sanfte Farben an den Wänden, unterschiedliche Lichtquellen und **dekorative Elemente.**
Das können sein: eine dekorative Fotoausstellung (in Augenhöhe der Kinder!) mit Fotos der Kinder von zu Hause, dem Kinderkrippenalltag oder besonderen Ereignissen. Auch „Werke" der Kinder können ausgestellt werden. Beschriftungen und Kommentare der Erzieherin klären die Eltern über den Wert dieser „künstlerischen Produkte" auf und verdeutlichen, dass es nicht um das Ergebnis, sondern um den Weg der Erfahrung geht. Einfache Hand-/Fußabdrücke, Knetformen (Schnecke, Schlange, Knödel), Kritzelbilder, Farbkompositionen sind persönliche und dekorative Werkstücke.

**Mobiliar und Ausstattung, Räume**

Auf Fachmessen und in Katalogen (auch im Internet erhältlich) hält der Fachhandel eine große Auswahl an Mobiliar bereit. Bei Neueinrichtung ist es sinnvoll, Arbeitsgruppen zu bilden, die eine Vorauswahl bei der nahezu unübersichtlichen Vielfalt treffen. Wichtig ist es, Überfüllung zu vermeiden:

Diese wirkt schnell unübersichtlich und gibt ein Gefühl der Enge für Kinder und Erwachsene. Angespanntheit und Gereiztheit sind leider oft die Folge.

Möbel sollen feucht zu reinigende Oberflächen haben. Das Gleiche gilt für Böden und Wände. Spezielle Teppiche, die der Abgrenzung, Behaglichkeit und der Wärme am Boden dienen, sollten ebenfalls feucht zu säubern sein, denn kleinen Kindern passiert öfter „ein kleines Malheur".

**Mobiliar für die Pflege**

Der Wickelbereich ist zwar separat, aber leicht zugänglich und so platziert, dass die Erzieherin den Überblick über die weiteren Spielbereiche behält. Pflegeutensilien (auch ein Waschbecken mit warmem Wasser) sind „mit einem Griff" und ohne das Wickelkind unbeaufsichtigt zu lassen erreichbar.

Es gibt Eigentumsfächer für die Kinder mit persönlichem Wickelzubehör (Windeln, Pflegeartikel, Schnuller, Kuscheltier).

Der Toilettenbereich ist mit Waschbecken in Kinderhöhe und möglichst mit einem Dusch-/Badebereich ausgestattet, welcher für die Erzieherin in rückenschonender Höhe angebracht ist.

Die Betten und Schlafmatten sind so angeordnet, dass das Kind einen eindeutigen persönlichen Platz für sich hat (nicht zu nah beieinanderstehend).

> **MERKE** Junge Kinder brauchen übersichtliche Räume, in denen sie sich gut orientieren können. Die Perspektive von Kleinkindern ist eine andere als die von Erwachsenen.

> **TIPP**
> Versuchen Sie einmal, den Blickwinkel eines Kindes einzunehmen, und durchqueren Sie so einen Raum.

Funktionales Mobiliar soll auch zum Spiel anregen.

**Aufbewahrungsmöbel**: Empfehlenswert sind offene Regale für frei zugängliche Spielmaterialien.

Einige Materialen finden jedoch Platz außerhalb des Zugriffs für Kinder (aus Sicherheitsgründen oder weil Kleinkinder ohne Hilfe des Erwachsenen damit noch nicht umgehen können). Sie sollten dennoch sichtbar sein, auf Wunsch der Kinder angereicht oder den Kindern ausdrücklich angeboten werden.

Körbe sind leichter als Holzkisten und damit auch für kleine Kinder besser transportierbar: Sie untergliedern die Regalflächen und helfen beim Sortieren der Spielmaterialien. Ein kleines Kind kann beim Einräumen einer Kiste schon selbstständig helfen.

Tische und Stühle sollen flexibel einsetzbar sein. Es muss nicht für jedes Kind ein Sitzplatz am Tisch mit Stuhl während der Spielzeit im Raum vorrätig sein. Tische und Stühle nehmen sehr viel Platz ein und engen die Bewegungsfreiheit ein. Kindliches Spiel findet viel häufiger in Bewegung und auf dem Boden in entsprechenden Spielzonen statt. Für gemeinsame Aktivitäten am Tisch mit Stühlen sollte das Mobiliar leicht transportierbar hinzugeholt werden können.

Die Höhe eines Tisches ist dann kindgerecht, wenn die Füße des Kindes den Boden berühren, während es sich im passenden Stuhl zurücklehnt. In altersgemischten Betreuungsstätten müssen unterschiedlich hohe Tische und Stühle vorhanden sein.

**LiteraturTIPP**
Renate Zimmer: Schafft die Stühle ab

### Mobiliar soll die Bewegungsfreude unterstützen

Zwar spielen auch Sicherheitsvorkehrungen eine Rolle, dennoch ist zu beachten, dass ein Kind nicht in einer künstlichen, sterilen, überbeschützten Umgebung aufwachsen soll. Hygiene kann am einfachsten mit pflegeleichten Materialien gewährleistet werden. Da die Kinder dieser Altersgruppe eine intensive motorische Entwicklung durchmachen, brauchen sie großzügigen Bewegungsraum zum Krabbeln, Hangeln und Laufen ohne permanente Stolpergefahr. Auch benötigen sie innerhalb des Alltagsgeschehens Raum zum stillen Beobachten. Zum erwachsenenunabhängigen Sitzen brauchen sie eine Babywippe, Spielteppiche und Sitzkissen. Hochstühle sind hilfreich, sollten aber nur so lange wie unbedingt nötig genutzt werden. Bei den Mahlzeiten bevorzugen die Jüngsten das „gleichberechtigte" Sitzen auf einem körperfreundlichen Stuhl. Zu langes Sitzen auf Stühlen ist orthopädisch ungesund und entspricht nicht dem Bewegungsempfinden von Kleinkindern.

**Bewegte Spiele** werden von Kleinkindern bevorzugt. Bietet der Gruppenraum dafür zu wenig Platz, ist ein **Bewegungsraum** notwendig, der jedoch immer beaufsichtigt werden muss. Besonders in altersgemischten Einrichtungen gibt es zusätzlich zum Gruppenraum Funktionsräume, die gruppenübergreifend genutzt werden. Hierfür ist eine Absprache (Einsatzplan) der Mitarbeiterinnen notwendig. Eine Ausstattung mit beweglichen Elementen und bewegungsfördernden Materialien unterstützt den kindlichen Bewegungsdrang. Der Aufbau von sogenannten Bewegungsbaustellen fördert kreative Bewegungsformen. Solche Baustellen für die Jüngsten müssen sicher sein, z. B. ausgestattet mit niedrigen Hindernissen zum Daraufsteigen und Herunterhüpfen, Kriechtunnel, beweglichen, leichten Elementen zum Stapeln und Umwerfen. Im Spielwarenhandel werden solche Spielutensilien mit der Bezeichnung „spiel gut" als Gütemerkmal angeboten. Säuglinge können eine Bewegungsbaustelle niemals allein nutzen, sind aber sicherlich auf dem Arm der Erzieherin interessierte Nutzer.

### Behagliche Räume sorgen für psychisches Wohlbefinden

Hierfür sind gemütliche Plätze wie in Familienwohnungen wichtig. Hier halten sich die Erzieherinnen zusammen mit den Kleinkindern auf. Dabei ist es nicht notwendig, dass die Couch auf Kleinkindgröße ausgerichtet ist. Sich auf ein Sofa herauf- oder herunterzuhangeln, gehört zu den Alltagserfahrungen eines Kleinkinds und fördert seine Bewegungsstrategien sowie seine Erfolgserlebnisse.

Ein behaglicher Sitzplatz bietet auch dem Erwachsenen körperliche Entspannung, die er nach häufigem Sitzen auf Kinderstühlen ebenfalls braucht.

Zugewandte körperliche Nähe ist ein wesentlicher Faktor zur Stärkung der Bindungsqualität. Von dieser sicheren Basis aus beobachtet das Kind die soziale Umgebung, gelegentlich auch scheinbar nach innen gewandt verharrend, zufrieden.

Die Jüngsten bevorzugen in vielen Situationen den Platz auf dem Schoß oder im Arm eines Erwachsenen. Der Erwachsene muss sich jedoch bewusst sein, dass ein Kleinkind auch seinen Freiraum benötigt. So wie es die kuschelige Nähe genießen kann, möchte es nach eigenem Gutdünken vom Schoß gleiten, um dann auf eigenen Beinen und Armen auf dem Fußboden zu robben, zu kriechen, zu krabbeln oder sich an Gegenständen entlangzuhangeln. Sobald das Kleinkind auf eigenen Beinen mobil ist, erweitert es seinen Radius und kann über Distanz und Nähe selbstständiger entscheiden.

### Funktionsbereiche schaffen Orientierung

Sie sind gut sortiert mit Materialien ausgestattet, die den Kindern Anregung zum Spiel oder anderweitigen Aktivitäten geben. In einem Gruppenraum für Kinder unter 3 Jahren ist eine vom lebhaften Spiel abgeschirmte Kuschelecke unverzichtbar. Sie sollte ausgestattet sein mit weichem, warmem Bodenbelag, mit Kissen und beweglichen Schaumstoffformen zum Daraufsitzen, Anlehnen oder (auch selbstständig) An-die-richtige-Stelle-Platzieren. Hier kann mit Kuscheltieren gespielt werden (nicht zu wenige, damit unnötige Besitzrangeleien vermieden werden). Auch ruhige Spiele mit Erwachsenen und Vorlesen sind geeignete Aktivitäten.

Säuglinge können sich sowohl in der Babywippe oder auf dem Boden sitzend aufhalten. Die Betreuer sollten nicht vergessen, den Kleinen gelegentlich diesen interessanten Ort zum Aufenthalt und Spiel anzubieten.

Wenn ein Raum für Kinder unter 3 Jahre den unterschiedlichen Spielbedürfnissen gerecht werden soll, so muss genügend Platz für bewegte Spiele, ruhige Spiele sowie aktiven Umgang mit elementaren Materialien für Basiserfahrungen vorhanden sein. Elementare Materialien sind Erde, Sand, Wasser, Knetmaterialien, Fingerfarbe, Kleisterfarbe und Kleister zum Kleben. Der Umgang mit diesen Materialien zieht zwangsläufig die Reinigung von Tisch, Boden und Kindern nach sich. Dementsprechend pflegeleicht sollte der Bereich ausgestattet sein, denn in dieser Altersgruppe geht es niemals um werkschaffende Aktivitäten, sondern um die Freude am Experimentieren und um Sinneserlebnisse beim üppigen Umgang mit dem Werkstoff. Neben einer Grundausstattung mit Materialien stellt die Erzieherin mindestens einmal pro Woche neue, stimulierende Materialien zur Verfügung.

### Sicherheit ist Unfallprävention und nicht Hemmschuh für Entfaltung

Aufgrund des jungen Lebensalters der Kinder besteht ein besonderer Schutzbedarf, da das eigene Gefahrenbewusstsein noch kaum ausgebildet ist. Sie bedürfen permanenter Aufsicht und Hilfe bei der Nutzung von Spielgeräten. Höhe und Begehbarkeit müssen auf die Altersgruppe abgestimmt sein. Nötigenfalls müssen in einer weiten altersgemischten Gruppe spezielle Spielbereiche den Kleinkindern vorbehalten sein. Jeder Mitarbeiter in einer Einrichtung muss wissen, welche Vorkehrungen es für den Notfall gibt und wo Erste-Hilfe-Material zugänglich ist.

> **MERKE**
>
> Eine regelmäßige Weiterbildung für Ersthelfer ist zwingend notwendig.
>
> Der ständige Zugang zum Telefon muss gesichert sein.

Es ist nicht möglich, an dieser Stelle alle potenziellen Gefahrenpunkte aufzulisten. Die in der unten stehenden Krippenskala genannten möglichen Sicherheitsprobleme sind jedoch gute Anhaltspunkte und müssen, je nach Einrichtung, ergänzt und konkretisiert werden. Jeder Mitarbeiter sollte mit „offenen Augen" Sicherheitsmängel beachten und unverzüglich für Abhilfe sorgen.

**Gefahren im Haus vermeiden durch:**

- sichere Installation: elektrische Steckdosen mit Kindersicherung, Vermeiden von Stolperfallen bei Verlängerungskabeln, versenkbare Herdschalter, nicht überstehende Pfannen und Töpfe
- sichere Verlegung von Verlängerungskabeln, angemessene Temperaturvoreinstellung beim Heißwasserkran, Rauchmelder
- Aufbewahrung von Medikamenten, Reinigungsmitteln, giftigen Substanzen, gefährlichen Werkzeugen in verschließbaren Schränken außer Reichweite der Kinder
- standfestes Mobiliar (z. B. Stühle, die beim Versuch sich hochzuziehen nicht umfallen, rollbare Regale mit funktionierenden Feststellern)

- rutschfeste Matten und Spieldecken
- zu weit auseinanderstehende Gitter beim Kinderbett, Treppenaufgang, Raumteilern (Einklemmgefahr)
- scharfe Ecken und Kanten, Splitter in Holzmobiliar oder Spielzeugen
- kindersichere, splitterfreie Spiegel und Glasscheiben
- ungesicherte Fenster und Türen, Treppenauf- bzw. -abgänge
- kleinteilige Spielzeuge (Verschluckgefahr!), Utensilien außer Reichweite halten und nur unter direkter Aufsicht anbieten

**Gefahren im Außenbereich vermeiden durch:**

- sicherheitsgeprüfte, regelmäßig gewartete Spielgeräte
- federnden Untergrund als Fallschutz
- sichere Tore zum Straßenbereich
- unzugängliche Abfallaufbewahrung
- ungiftige Bepflanzung (Bäume, Sträucher, Beetpflanzen)
- sichere Aufbewahrung von (Garten-)Werkzeugen, Gartenzubehör (scharfe, spitze, gefährliche Gegenstände), Pflanzenschutzmitteln
- rutschfeste Außentreppen und Gehwege

> **LiteraturTIPP**
> mit weiteren Anregungen zur Qualitätsgestaltung in Krippen:
> Wolfgang Tietze u. a.: Krippen-Skala (KRIPS-R), Feststellung und Unterstützung pädagogischer Qualität in Krippen

### Luft und Licht

Ein wichtiger Aspekt ist auch die Belüftung. Es ist optimal, wenn kippbare Fenster oder Türen zum Außenbereich ohne großen Aufwand geöffnet werden können.

Zur guten Beleuchtung mit diversen elektrischen Lichtquellen sollten Fenster zusätzlich mit Vorhängen ausgestattet sein, um den Einfall von Tageslicht zu regulieren (Abdunkeln zur Gemütlichkeit, Abschirmung von Sonneneinstrahlung).

### Der Tagesablauf

Der Tagesablauf gliedert den Tag in überschaubare Abschnitte. Darüber können sich Säuglinge und Kleinkinder aber keine Vorstellung bilden. Ihr Zeitempfinden wird durch Hunger, Durst und Unbehagen gesteuert. Wenn die Wachphasen länger werden, steigt das Bedürfnis nach Kontakt und Aktivität. Junge Kinder schauen gern zu, spielen für sich, lassen sich aber gerne auf Spielanregungen ein. In der Ku3-Betreuung müssen Spielräume und Zeitabschnitte ausgewogen strukturiert werden. Alltagsaktivitäten (Körperpflege, Mahlzeiten, Anziehen/Ausziehen, Ruhen und Schlafen) nehmen viel Zeit in Anspruch. Das Spiel darf nicht zu kurz kommen. Kinder erschließen die Welt spielend und erleben dabei psychisch-emotionale Zufriedenheit.

Die Phasen des Tagesablaufs sind niemals zeitlich starre, unveränderbare Abschnitte, die aneinandermontiert werden. Vielmehr sind sie innerhalb der Rahmenstruktur flexibel zu gestalten.

Der Übergang von einer Phase in die nächste ist meist mit einem Ortswechsel oder Veränderung der Tätigkeit verbunden. Die ‚Aufmerksamkeit der jungen Kinder zu bündeln und auf die nächste Aktivität zu richten, bedarf kreativer methodischer Umsetzung. Der Säugling wird mit zugewandten Worten in die nächste Situation „transportiert". Auch ohne konkretes Verständnis der Worte, nimmt er den Übergang ohne Verunsicherung hin, wenn er nicht wortlos und abrupt, sondern positiv emotional begleitet wird.

Beim lauffähigen Kleinkind ist die freundliche verbale Ansprache angemessen, jedoch „versteht" es die Aufforderung nur, wenn die pädagogische Fachkraft begleitend kindgemäß handelt:

- *Gestik und Mimik sinnbetont einsetzen*
- *Sätze mit einfachen Melodien singen*
- *rhythmisch sprechen*
- *als Vers formulieren*
- *einzelne Kinder beim Namen nennen, auch einmal eine Namenskette („eins, zwei, drei im Sauseschritt, alle Kinder gehen mit" oder einzeln genannt: „die Greta, der Philip, der Fabian, … gehen mit")*
- *oder „lange, lange Kette, vorne geht die Mette"*
- *„lange, lange Eisenbahn, hängt sich jetzt der Alex dran"*
- *mit körpereigenen Geräuschen begleiten (klatschen, hörbar mit den Füssen aufstampfen, wenn ein Gang (z. B. zur Garderobe) erfolgen soll*
- *einzelne Kinder bei der Hand nehmen und einreihen – ohne Zwang –, aber mit einem Stups in die richtige Richtung*

**Praktische Umsetzung**

| Phase im Tagesablauf/ allgemeine Anmerkungen | Praktische Umsetzung | Didaktisch-methodische Überlegungen |
|---|---|---|
| **Ankommen** | | |
| Die Ankunftsphase ist eine „Gleitzeit". Es ist günstig, wenn die Kinder nach und nach kommen. So bleibt Zeit für individuelle Übernahme. | Die Bringenden von Anfang an in die zeitlichen und räumlichen Gegebenheiten einführen. | Die Einrichtung bietet ein durchschaubares Handlungsmodell an und unterstützt Kind und Eltern beim Einfinden in alltägliche Abläufe (s. Eingewöhnung). |

| Phase im Tagesablauf/ allgemeine Anmerkungen | Praktische Umsetzung | Didaktisch-methodische Überlegungen |
|---|---|---|
| **Ankommen** | | |
| Eltern sollen wissen, dass sie sich Zeit und Ruhe für das Bringen nehmen sollen. Ist erst einmal ein Ritual eingespielt, verringern sich Reibungen und Aufregungen.<br>In der Ankunftsphase findet ein kurzer alltäglicher Austausch statt, um aktuelle Situationen zu berücksichtigen.<br>Die pädagogische Fachkraft wählt ihren Platz so, dass sie Ankommende sofort sieht und den Kontakt anbahnt, wenn von der anderen Seite nichts kommt. | Persönliche Begrüßung und Übergabe des Kindes, eindeutige Handlungen (Namen nennen, kurzer Körperkontakt, z. B. Hand reichen, oder andere, aber höfliche Begrüßungsgesten. Kurzes Gespräch über Tagesform, z. B. worauf soll die Betreuerin achten) kurzer Austausch. | Den Eltern verdeutlichen, dass ein verlässliches Handeln nach dem vereinbarten Modell Orientierung für alle Beteiligten bedeutet und eine gemeinsame Verantwortung für eine verlässliche und harmonische Übergabe des Kindes besteht.<br>Erst nach der Übergabe trägt die pädagogische Fachkraft allein die Verantwortung.<br>Die Bringenden sollen spüren, dass es sich um einen sehr persönlichen Akt der Begrüßung und keine reine Höflichkeitsformel handelt. |
| Begrüßungsrituale sind individuell geprägt und dürfen nicht erzwungen werden. Die Betreuerin handelt immer freundlich, respektvoll und repräsentiert eine vorbildhafte Handlungsweise.<br>Die Betreuerin macht sich zum Sprachrohr des Kindes, da die Jüngsten noch keine sprachliche Formulierung finden.<br>Lernen am Modell! | Übernahme des Säuglings durch Auf-den-Arm-Nehmen und das Kleinkind an die Hand nehmen. Den Bringenden ohne zögerliche Gesten freundlich ermutigen, zügig zu gehen. Familienübliche Übergangsrituale annehmen und bei zu formeller oder „emotionsarmer Verabschiedung" kindgemäße, den Übergang unterstützende, modellhafte Formen praktizieren: z. B. „winke, winke", tschüs, bis bald, Mama, Papa… etc., Handküsschen, vom Fenster aus noch einmal winken. | Das junge Kind fühlt sich durch unaufdringlichen Körperkontakt angenommen und geborgen.<br>Eltern sollen spüren, dass gefühlsbetonte Verabschiedung besser ist als ein „Sichdavonschleichen" oder unentschlossenes Verharren.<br>Konflikte (Weinen, Brüllen, Toben, emotionaler Rückzug) lassen sich bei eindeutigem, freundlich positivem Abschiedsverhalten eher vermeiden und Abschiedsschmerz „schneller vergessen". |

| Phase im Tagesablauf/ allgemeine Anmerkungen | Praktische Umsetzung | Didaktisch-methodische Überlegungen |
|---|---|---|
| **Ankommen** | | |
| Eltern fällt es oft sehr schwer, sich vom Kind zu trennen, sie brauchen häufig einen Anstoß, um tatsächlich den Weg aus der Einrichtung zu finden, indem sie ein Signal erhalten, dass sie ihr Kind ohne Sorgen zurücklassen können. Signalisieren, dass seitens der Betreuerin die Rückkehr in den Berufsalltag (oder anderweitige persönliche Aufgaben) bejahend anerkannt wird. | Mögliche (nicht seltene) Verhaltensunsicherheit der Bringenden erkennen und eindeutig kommunizieren, wenn der richtige Zeitpunkt zu gehen, gekommen erscheint. Dass es „Zeit ist zu gehen". Eltern sollen wissen, dass ihr Abschiedsschmerz auch bei anderen Eltern auftritt. Das Gefühl „nicht alleine damit dazustehen" entspannt. Als Thema in einer Elternbildungsveranstaltung aufgreifen. (Erinnerungsreisen in die eigene Kindheit, Rollenspiele). | Eltern leiden bisweilen mehr als das Kind unter „Abschiedsschmerz" und beäugen fast eifersüchtig die unkomplizierte Loslösung ihres Kindes. Im Tür-und-Angel-Gespräch eine Ermutigung und Verständnis signalisieren und deutlich machen, dass der Übergangsprozess gelungen ist. |
| Übergänge gelingen am besten bei guter Absprache und situativen Abwandlungen. | Die neue Aktivität einleiten/ Übergang zur nächsten Phase. | Situationsabhängig vereinbart, kann auch der Bringende das Kind beim ersten Schritt in die nächste Aktivität begleiten. |
| **Spielen im Haus** | | |
| Der Säugling spielt in seiner Babywippe, auf der Krabbeldecke, auf dem Schoß, im Kinderstuhl „für sich" und braucht öfters Blick- und Körperkontakt. Das Laufkind sucht gelegentlich sein Spiel selbst, wechselt schnell | Vielfältige Aktivitätsformen werden parallel zur **freien Spielwahl** angeboten. Säuglingen wird altersgerechtes Spielmaterial angereicht. Babys werden so platziert, dass sie das Geschehen beobachten können und schneller | „Eingliederungshilfe" durch die Betreuerin ist oft noch nötig. Also das Kind an der Hand begleiten, gemeinsam das Spiel starten und ins Spielgeschehen integrieren. Rückzug, wenn das Spiel läuft! |

| Phase im Tagesablauf/ allgemeine Anmerkungen | Praktische Umsetzung | Didaktisch-methodische Überlegungen |
|---|---|---|
| **Spielen im Haus** | | |
| zwischen den Spielarten und -orten.<br>Gut präsentierte Spielmaterialien inspirieren es zu Spielen, Aktionen, s. Kap. Entwicklung des Spiels,<br>s. Spielmaterialien für Kleinkinder.<br><br>Spiel und Umgang mit Materialien ist erlebnis- und nicht ergebnisbezogen. Kleine Kinder spüren Erwartungsdruck und stellen sogar ihre Exploration ein, wenn sie sich „überfordert" fühlen.<br>Fremdbestimmtes Lernen gehört nicht in die Altersgruppe der unter 3-Jährigen, frühestens ins Grundschulalter.<br>Das kleine Kind hat einen spürbaren Trieb zur Selbstbildung und ist normalerweise gern bereit, Angebote anzunehmen und sich auf seine Art und Weise erkundend weiterzuentwickeln. | Zugriff durch die Betreuer möglich ist.<br>Lauffähige Kinder suchen Spielort, Spielpartner und Spielmaterial selbst aus.<br><br>**Material sichtbar präsentieren**, z. B.:<br>Tisch mit Utensilien und Spielmaterialien vorbereiten; Knetmaterial (beispielhaft eine lange Schlange, Kugel dazulegen) oder Werkzeuge zum Bearbeiten.<br>Auf dem Bauteppich halb fertigen Turm bauen – das Kleinkind baut weiter? Wirft ihn ein? Am Matsch- und Wassertisch Gefäße mit Wasser zum Ein- und Umfüllen, Klang erzeugende Instrumente.<br>Jahreszeitlich passendes Naturmaterial (Muscheln, Stöckchen) zum Hantieren, Sortieren.<br>S. Kapitel „Geeignetes Spielzeug".<br>Die Betreuerin bietet sich als Spielpartnerin an und lässt sich in Spiele hineinziehen.<br>Als mitspielende Erwachsene nicht zu dominant sein.<br>Unentschlossene Kinder ins Spiel integrieren, | Der Säugling braucht einerseits „Zeit für sich", er spielt „vor sich hin", dennoch benötigt er stetige Beobachtung und zwischendurch Ansprache, ein Lächeln, kurzen Körperkontakt.<br><br>Die vorbereitete Umgebung ist ein wirksamer Impuls für kleine Kinder. Ihr Explorationsdrang sorgt für neugieriges, aktives Ausprobieren und Hantieren.<br><br>Die Pädagogin sorgt für Abwechslung beim bereitgestellten Material, gibt den Kindern aber genügend Zeit zum ausgiebigen Ausprobieren.<br>Kleine Kinder wiederholen von sich aus Handlungen gern und „üben" dabei, ohne dies als ausdrückliches Ziel vor Augen zu haben.<br>Materialüberangebot verringert die ausgiebige Beschäftigung, immer „das Gleiche" langweilt und gibt keine neuen Impulse.<br>Motto: „Weniger ist mehr" und „zu wenig ist langweilig". |

| Phase im Tagesablauf/ allgemeine Anmerkungen | Praktische Umsetzung | Didaktisch-methodische Überlegungen |
|---|---|---|
| **Spielen im Haus** | | |
| | Babys als Zuschauer dabeihaben (auf dem Schoß, auf dem Arm). | |
| Es ist durchaus sinnvoll, mit Kleinkindern bestimmte Aktivitäten in der Kleinstgruppe durchzuführen. Der methodische Ablauf hat die Struktur einer geplanten Aktivität, deren Schritte von der Pädagogin gesteuert werden. Nicht die Qualität des Ergebnisses, sondern die Freude am Tun, die Engagiertheit sind Schwerpunkt.<br>Die emotionale Beteiligung des Kindes und seine Zufriedenheit mit dem von ihm Geschaffenen bilden den Schwerpunkt. | **Gemeinsame Spielaktionen in der Kleingruppe**<br>Ein Memory, Lege-Ratespiel (höchstens 2-4 Kinder), ein Buch anschauen, gemeinsames Einüben des Händewaschens, hauswirtschaftliche Tätigkeiten: Banane zerdrücken – in Joghurt einrühren, Zutat in eine (Back-)Schüssel schütten.<br>Säuglingen die Rolle des Beobachters ermöglichen. | Eine langsame, kindgemäße Sprache und paralleles Demonstrieren von Handgriffen und Einzelschritten sind unerlässlich.<br>Wenn alle Kinder gleichzeitig die gleiche Handlung ausführen, können sie sich am Nachbarn orientieren.<br>Mit kleinen Schritten beim Denken und Handeln können auch Kinder unter 3 komplexe Vorgänge erarbeiten und sachgerecht ausführen.<br>Abwertende Kommentare sind tabu, stattdessen: ausgiebiges Lob, expressiv Freude am „eifrigen Tun" zeigen, „Bewundern" des **vom Kind** angestrebten Ziels. |
| Es ist sinnvoll, alltägliche Tätigkeiten methodisch so aufzubereiten, dass sie vom Kind spielerisch ausprobiert und eingeübt werden.<br>Dies sind z. B. Zähne putzen, Waschbecken sauber wischen, Tisch abwischen, Spülen, Kleidung falten, Verschlüsse schließen und öffnen, Werkzeuge (Tafelmesser, | Die im Kindergarten angebotenen Bildungsbereiche gelten auch für Kleinkinder, jedoch mit einem dem Entwicklungsstand und Alter angemessenen Erwartungshorizont.<br>Es ist wichtig, dem Kind unter 3 „Unvollkommenheit" in der Ausführung seiner Tätigkeit zuzugestehen. | |

| Phase im Tagesablauf/ allgemeine Anmerkungen | Praktische Umsetzung | Didaktisch-methodische Überlegungen |
|---|---|---|
| **Spielen im Haus** | | |
| Gabel, Schere, Klebstoff, Pinsel, Schwamm etc.) einsetzen.<br>Ideenliste im Team als Mind-Map erstellen! | | |
| **Spielen im Freien** | | |
| Gesundheitliche Gründe:<br>• täglich in frischer Luft bei Wind und Wetter (natürlich richtig gekleidet)<br>• Unterstützung der Bewegungsfreude und Üben von Laufarten in unebenem Gelände<br>• Umgang mit Spielplatzgeräten<br><br>Naturbegegnung mit Flora, Fauna, Wasser (Pfützen), Sand, Matsch, Blättern, Schnee, Regen. | Spielplatzgeräte erproben: Wippen, Schaukeln, Rutschen, Klettergerüste.<br>Erfahrungen mit verschiedensten Laufarten, Klettern, Springen, Rutschen, Kriechen.<br>Fahrzeuge zum Schieben, Einsteigen, Fahren.<br>Großräumige Bewegungsmöglichkeiten.<br>Längere Strecken laufen bei Spaziergängen.<br>Verkehrssicherheit einüben.<br>Gewöhnung an unterschiedliche Witterungslagen.<br>Aufmerksam machen auf Naturerscheinungen,<br>selbst aktiv werden durch intensives Anschauen, Blätter aufwirbeln, Schneeball formen. | Schwierigkeitsgrad der Geräte ist nicht komplett auf die Altersgruppe abgestimmt: Erprobung der eigenen Fähigkeiten, Mut – Vertrauen.<br>Ein Kind soll selbst einschätzen, was es sich zutraut.<br>Richtwert: nur so hoch klettern, bis das Kind aus eigener Kraft (mit leichter Hilfestellung – also in Reichweite – wieder herabklettern kann.<br>Viele Kinder haben zu wenig Naturkontakt und werden von ihren Eltern nicht mehr regelmäßig mit „unangenehmeren Witterungslagen" konfrontiert. Bewusste Umwelt- und Naturerziehung steuert diesem Trend durch freudvolle Naturbegegnung entgegen. |
| **Mahlzeiten** | | |
| In dieser Altersgruppe sind individuelle Regelungen notwendig. Säuglinge sind eine bestimmte Babykost | Wenn alle Kinder gemeinsam eine „große Mahlzeit" einnehmen, ist es besser, mehrere kleine Tischgruppen mit | Mahlzeiten sollen Ruhe und Genuss miteinander verbinden. Das heißt von Anfang an einen achtungsvollen |

| Phase im Tagesablauf/ allgemeine Anmerkungen | Praktische Umsetzung | Didaktisch-methodische Überlegungen |
|---|---|---|
| **Mahlzeiten** | | |
| gewöhnt und werden nach und nach an die Gemeinschaftsverpflegung herangeführt. Spezielle Kost (Flaschennahrung, Gläschenkost) wird von den Eltern zum Aufwärmen mitgebracht. Jedes Kind hat einen eigenen Zeitplan, wann ihm seine Mahlzeit angereicht wird. | je einer Betreuungsperson zu stellen als eine große „Tafel". Das mindert den Geräuschpegel und steigert die persönliche Unterstützung der unterschiedlich „essfähigen" Jüngsten. | Umgang mit Lebensmitteln zu pflegen und eine gepflegte Esskultur einzuüben. Kleckern ist erlaubt, aber „Matschen" mit dem Essen wird durch gutes Vorbild abgewendet. |
| **Zwischenmahlzeit/Frühstück** | | |
| In der Ku3-Betreuung empfiehlt sich ein gemeinsames Frühstück, bei dem alle zusammen am Tisch sitzen. Eine Begrüßung und sich mit einem lustigen Spruch guten Appetit zu wünschen, gehört zum Ritual. Für eine Kernzeit bleiben alle zusammen bei Tisch. Sind der Hunger und die Lust und Ausdauer zum Verweilen gestillt, können die Kinder den Platz verlassen, ihr Frühstücksgeschirr wegräumen und in die nächste Aktivität gehen. Mindestens ein Erwachsener bleibt über die Kernzeit hinaus am Tisch und unterstützt die Kinder beim Essen und „Tischgespräch". Eine weitere Betreuerin „übernimmt" die | Die häuslichen Essgewohnheiten sind unterschiedlich. Bestimmte Übergangs- und Beginn-Rituale schaffen Struktur und helfen dem Kleinkind, sich in die Gruppe und Abläufe zu integrieren.<br>Die Betreuerinnen bieten das „gute Vorbild" bezüglich Esskultur, die Bereitschaft, unterschiedliche Speisen zu probieren und eine angemessene Speisenmenge.<br>Sie „moderieren" die Kommunikation bei Tisch, achten auf die individuellen Esstempi der Kinder und unterstützen eine ruhige, genussvolle Atmosphäre.<br>Themen für Tischgespräche: Namen der | Gesunde Ernährung wird als Ziel vorgegeben und von der Einrichtung in Absprache mit den Eltern realisiert.<br>Zwischenmahlzeiten werden von zu Hause mitgebracht oder in der Einrichtung zubereitet (Unkostenbeitrag!).<br>Eine Mischung ist empfehlenswert, um Eltern nicht ganz aus der Verantwortung zu entlassen.<br>Die Betreuerin berät bei der Auswahl gesunder, kindgerechter Mahlzeitgestaltung.<br><br>Elternbildungsveranstaltungen können diese Thematik näher beleuchten.<br>Aktionsbetonte Methoden wie gemeinsames Kochen, Zusammen- |

| Phase im Tagesablauf/ allgemeine Anmerkungen | Praktische Umsetzung | Didaktisch-methodische Überlegungen |
|---|---|---|
| **Zwischenmahlzeit/Frühstück** | | |
| fertigen Kinder und begleitet sie in die nächste Aktivität, die dann von einer weiteren Kraft pädagogisch betreut wird. | Speisen, Farben, Duft, Geschmack, Besonderheiten des Tages, neues Kleidungsstück eines Kindes, was machen wir nachher?<br><br>Zum Abschluss einer Mahlzeit eignet sich ein Dankesspruch, ein Spiellied.<br>Auch eine kurze Geschichte, besser erzählt als vorgelesen, kann zum Schluss die Wartezeiten verkürzen. | stellung kindgerechter Zwischenmahlzeiten (Büfettform) verstärken, machen Spaß und stärken die Erziehungspartnerschaft. |
| **Mittagessen** | | |
| Diese Hauptmahlzeit wird von den meisten Kindern in der Ku3-Einrichtung eingenommen. | Siehe oben bei Frühstück/ Zwischenmahlzeit. Wenn die Kleinkinder bei der Zubereitung eines Bestandteils beteiligt werden, ist dies zugleich situative Förderung der lebenspraktischen Fähigkeiten. Z. B. ein Gemüseeintopf mit Würstchen oder vegetarischer Sättigungsbeilage (Tortellini, Maultaschen) kann wöchentlich im Gruppenraum zubereitet werden.<br>Die fast 3-Jährigen können Blumenkohlröschen abbrechen und im Sieb waschen oder vorgeschälte und in Portionen geschnittene Möhren, | Aufgrund allgemein zunehmender Verschlechterung der Ernährung von Kindern besteht ein pädagogischer Auftrag seitens der Einrichtung – auch bei den Hauptmahlzeiten. Frisch gekochte Mahlzeiten schmecken am besten und sind meist gesünder.<br>Werden Speisen nicht frisch in der Einrichtung zubereitet, sollte neben der „Lieferkost“ zumindest eine Zutat frisch angerichtet sein: frisches Obst, Salat. Wechselseitige Elternbeteiligung als Unterstützung!<br>Das könnte auch für den „Kochtag“ gelten. |

| Phase im Tagesablauf/ allgemeine Anmerkungen | Praktische Umsetzung | Didaktisch-methodische Überlegungen |
|---|---|---|
| **Mittagessen** | | |
| | Kartoffeln, Lauch, Kohlrabi oder Rosenkohl (äußere Blätter abziehen) in den Topf geben und den Duft beim Kochen schnuppern. Dies liefert optimale Basiskenntnisse über gesunde Ernährung. | |
| **Körperpflege** | | |
| Dies ist die intimste Form des Kontakts. Hygiene ist eine Selbstverständlichkeit; bei Ku3 richtet sich die Pflege auch auf die Ausscheidungen. Das Ku3 kann diese Verrichtung noch nicht ohne Hilfe regeln. Körperpflege ist ein sehr direkter Eingriff in die persönlichen Empfindungen und hat eine individuelle Prägung zur Folge. Das Gefühl, sich in seinem Körper wohlzufühlen, wird in früher Kindheit gelegt und hat nach Sigmund Freud Auswirkungen auf die Sexualität. Insbesondere eine leistungsbetonte Sauberkeitserziehung sieht er als Ursache für Störungen in der sexuellen Entwicklung. | Körperpflege erfolgt in festen Zeiträumen:<br>1. Dann, wenn alle Kinder gleichzeitig z. B. Hände- oder Gesichtswäsche benötigen (vor und nach den Mahlzeiten) und<br>2. „zwischendurch".<br>Verantwortlichkeiten im Team festlegen!<br>Die Grundkörperpflege wird zu Hause durchgeführt. Mangelnde Pflege von zu Hause im Beratungsgespräch thematisieren.<br><br>Die pädagogische Bedeutung der Pflege thematisieren und die pädagogischen Leitlinien vorstellen (z. B. in der pädagogischen Konzeption). | Jedes Kind bewahrt seine persönlichen Pflegeutensilien im Körperpflegebereich auf. Wenn möglich, auch für das Kind zur Selbstbedienung erreichbar. Sobald wie möglich eigenständig handeln lassen! Anfangs in Begleitung als Assistent und Anleitender. Chancen für Entwicklungsanstöße nutzen:<br>vormachen,<br>etwas gemeinsam tun oder<br>abwechselnd,<br>partiell allein,<br>ganz allein. |

| Phase im Tagesablauf/ allgemeine Anmerkungen | Praktische Umsetzung | Didaktisch-methodische Überlegungen |
|---|---|---|
| **Wickeln** (mit Windeln von zu Hause) | | |
| Der Zeitraum ist für jedes Kind individuell – je nachdem, ob die Windel „voll ist" oder nicht. Dennoch wird im Tagesablauf ein Zeitraum eingeplant, wo Windelwechsel „gecheckt" wird. Anfangs sollte ein Wechsel der für die Pflege zuständigen Person vermieden werden. Das verleiht Sicherheit. | Wickeln und die damit verbundene Körperpflege ist Zeit zur Kommunikation, zum Kontakt und für das Kind eine besondere Möglichkeit, die Aufmerksamkeit einer Person zu genießen. Also niemals als „lästige Pflicht" abtun.<br><br>Auf den Toilettengang anderer Kinder aufmerksam machen. Erwartungsdruck und Forcierung vermeiden. Das Kind kontinuierlich beobachten, seine körperliche Entwicklung, Unverträglichkeiten, Vorlieben wahrnehmen und kommunizieren. | Hierbei benötigt das Kleinkind die Hilfe des Erwachsenen. Verbalisieren, was in der Windel ist, wie das Kind wieder sauber, frisch gemacht wird. Wohlbefinden expressiv formulieren. Ekeläußerungen sind tabu!<br><br>Achtsamkeit für den Zeitpunkt, wo das Kind Anzeichen für eigenständigen Toilettengang zeigt.<br>In der Phase des „Sauberwerdens" intensiven Austausch mit Eltern und Team pflegen. |
| **Gesicht und Hände waschen** | | |
| Vor und nach den Mahlzeiten und Toilettengang, zunehmend von den Kleinkindern allein durchgeführt – anfangs mit „Aufsicht". | Mit der verlässlichen Regelmäßigkeit gewinnt das kleine Kind eine Selbstverständlichkeit für den Wunsch nach einem sauberen (nicht verschmierten) Gesicht und frisch gewaschenen Händen. | Das Cremen des Gesichts vermittelt ein positives Körpergefühl. Es ist ein gutes Zeichen für eine gelungene Beziehung, wenn das Kleinkind die Pflege durch die Ersatzbezugsperson akzeptiert. |
| **Duschen/Baden/Kämmen** | | |
| **Duschen/ Baden** liegt nur bei besonderer Verunreinigung an. | Dabei auf die richtige Wassertemperatur achten und auf den Beginn des Wasserstrahls aufmerksam machen. | Der Kontakt mit Wasser darf niemals erschrecken, sondern soll immer ein lustvolles, also spielerisch-erfrischendes Erlebnis sein. |
| **Kämmen** – bei Bedarf mit privater Bürste. | Behutsam und verbal begleitet! | |

| Phase im Tagesablauf/ allgemeine Anmerkungen | Praktische Umsetzung | Didaktisch-methodische Überlegungen |
| --- | --- | --- |
| **Zahnpflege** | | |
| Nach den Mahlzeiten. Das ist ein fester Tagesablaufpunkt, es kommt mehr auf die Regelmäßigkeit als auf die Gründlichkeit an. Die häusliche Zahnpflege kann nicht ersetzt werden! | Zähneputzen mit passender Musik von einer CD macht Spaß und begleitet ein Ritual kindgemäß.<br><br>Auch der Einsatz einer Zeitschaltuhr ist motivierend! | Frühzeitige Zahnpflege führt zu selbstverständlicher Gewöhnung. Es kommt anfangs nicht nur auf die perfekte Reinigung, sondern auf die Regelmäßigkeit an. |
| **Ruhen und Schlafen** | | |
| Bei Säuglingen ist die Schlafphase länger als die Wachphase, jedoch sehr stark individuell geprägt und meist nicht „nach Uhrzeit". Ein eigener Schlafplatz in einem ruhigen Raum muss zur Verfügung stehen. Kleinkinder benötigen entweder vormittags und/oder nachmittags noch einmal eine Schlafzeit. Dabei wird eine „Kernschlafzeit" eingeplant, die immer komplett von einer Betreuungsperson beaufsichtigt wird. Kinder, die nach und nach aufwachen, gehen in den Spielraum, wo sie von den dort tätigen Betreuerinnen „übernommen" werden. | Klare Dienstpläne, wer den „Schlafdienst" übernimmt und wer beim Aufwachen das Kind übernimmt.<br>Babyphon für Kinder, die zwischendurch schlafen.<br><br><br><br>Kleinkinder schlafen nicht komplett mit Pyjama bekleidet. Es reichen witterungsgerechte Unterwäsche und für Säuglinge z. B. ein Schlafsack. Selbstverständlich mit persönlichem Kuscheltier und Schnuller! | Es gibt kein Muss zum Schlafen. Die Ruhephase soll dennoch zur „undiskutablen" Pause alltäglich werden, die als wohltuender Genuss angepriesen wird. Wenn „alle" das Gleiche tun, werden auch die Kinder zur Ruhe finden, die oftmals von zu Hause als „schlechte Schläfer" benannt werden.<br><br>Schlaf- und Ruhephasen haben in der Ku3-Betreuung eine gesundheitliche Bedeutung: Pause einlegen vom permanenten Aktivitäts- und Geräuschpegel! |

| Phase im Tagesablauf/ allgemeine Anmerkungen | Praktische Umsetzung | Didaktisch-methodische Überlegungen |
|---|---|---|
| **Einschlafzeit** | | |
| In einer fremden Umgebung einzuschlafen, ist für viele Kinder schwierig. Alles unterscheidet sich von zu Hause: Raum, Bett, Personen, Düfte, Geräusche.... Deshalb ist es wichtig, Übergangshilfe zu haben. Darüber hinaus ist die persönliche Zuwendung die beste Einschlafhilfe.  | Die Kleinen kommen nach der Körperpflege „nach und nach" in den abgedunkelten, matt beleuchteten Schlafraum, legen sich (oder werden gelegt) ins Bettchen. Ohne komplette Schlafkleidung!<br><br>Persönliches Equipment (Schnuller, Kuscheltier) liegen bereit. Es kann leise beruhigende, textfreie Musik laufen.<br><br>Persönliches „Schlaf gut", Kosegeste und liebevolles Zudecken lassen Ruhe einkehren. Hintergrundmusik ausschalten und in ruhiger Position (bequemer Sessel) Schlafgeschichte vorlesen, Spieluhrlied als Signal für Ende der Erzählzeit. Oftmals schlafen dann die meisten Kinder bereits. Bei Bedarf Kindern durch kurze, leise Ansprache mit Handhalten zur Ruhe verhelfen. Möglichst selbst auch entspannen und in Ruhe verharren. | Durch Gleitzeit bei Beginn hat die pädagogische Fachkraft mehr individuellen Spielraum, als wenn alle gleichzeitig in den Schlafraum geführt werden.<br><br>Das Gleiche gilt für die Aufwachzeit, die Kinder gehen leise in den Spielraum und werden dort empfangen. Dem individuellen Schlafrhythmus wird so Rechnung getragen.<br><br>Musik, Schlaflied und -geschichte sind Rituale, die Signalcharakter für „Jetzt kommt die Ruhezeit" haben. Sie ersetzen viele verbale Hinweise, Ermahnungen und darauf folgende Reaktionen. |

| Phase im Tagesablauf/ allgemeine Anmerkungen | Praktische Umsetzung | Didaktisch-methodische Überlegungen |
|---|---|---|
| **Abholzeit** | | |
| Durch individuelle Anwesenheitszeiten ist die Abholzeit gleitend. Für jedes Kleinkind ist Zeit zum Begrüßen der Eltern oder sonstigen Abholenden. Gelegenheit für einen kurzen Tagesbericht und Kurzinfos für den nächsten Tag.<br>In dieser Phase überschneidet sich die Verantwortlichkeit und Zuständigkeit von Abholenden und pädagogischem Betreuungspersonal. Direkte Absprache ist dann notwendig, wenn offensichtliche Verhaltensunsicherheit besteht.<br>Nach der Nachmittagszwischenmahlzeit kann ein gemeinsames Abschiedslied gesungen werden:<br>z. B. „alle Leut', alle Leut' gehen bald nach Haus. Große Leut', kleine Leut'… gehen bald nach Haus". | Im Team besteht Absprache, wer in erster Linie Ansprechpartner für Abholende ist und wer mehr für die Kinder zuständig ist. Eine gänzlich klare Trennung gibt es nicht.<br>Die pädagogischen Fachkräfte steuern die Atmosphäre, indem sie Hektik vermeiden, auf Verabschiedungsritual achten und sicherstellen, dass kein Kind in der Aufbruchsstimmung unbeaufsichtigt ist.<br>Abholende in Aktivitäten (Abschiedslied) einbeziehen.<br>Eltern bitten, das Kind nicht einfach aus dem Geschehen zu reißen, sondern ruhig und dem Tempo des Kindes entsprechend die Einrichtung verlassen.<br><br>Auf die Mitnahme persönlicher Gegenstände achten (Gemaltes, Gebasteltes, Wechselwäsche), jedoch Kinder und Eltern dabei nicht aus der Mitverantwortung entlassen. | Auch wenn in dieser Phase Zeit für kurzen Austausch ist, diese Phase nicht allzu lang hinausziehen. Aber auch nicht abrupt das Kind aus dem Spiel reißen!<br><br>Im pädagogischen Konzept und bei Bedarf im persönlichen Gespräch lassen sich Zuständigkeiten und pädagogische Leitmotive klären.<br><br>Ein gemeinsames Spiellied mit passender Körperbewegung vermittelt ein positives Gruppengefühl und bildet die Brücke zum Nachhausegehen und dem folgenden Tag. |

**TIPP**

Internetrecherche zu den Stichworten „Sexualerziehung" und „Sauberkeitserziehung".

> **Zusammenfassung**
> - Vertraute Räume und verlässliche Tagesstrukturen vermitteln Orientierung und Sicherheit.
> - Kindgerechte, durchschaubare Strukturen sowie altersgerechte methodische Begleitung durch zuverlässige Bezugspersonen fördern den Prozess der Selbstbildung.
> - Freier Umgang und Zugänglichkeit von Spielmaterialien ermöglichen Selbstständigkeit von Anfang an. Sich selbst etwas holen, es tragen und wieder zurückräumen, sind grob- und feinmotorische Übungen, die zur geistigen und körperlichen Entwicklung beitragen.
> - Räume ohne direkte Gefahrenquellen fördern die Entfaltung des Selbstbildungsprozesses.
> - Sicherheit darf nicht als wichtigster Faktor gelten. Übertriebene Sorge vor Risiken darf den Explorationsdrang der Jüngsten nicht hemmen.
> - Mobiliar wird von kleinen Kindern nicht als Funktionsgegenstand gesehen, sondern als potenzieller Spielgegenstand. Der kreative Umgang sollte unterstützt werden.

## 7.5 Beobachten und Dokumentieren

Aufgrund der rasanten Entwicklung in den ersten Lebensjahren ist es wichtig, aber auch schwierig, die Vielzahl der Veränderungen festzuhalten. Detaillierte Aussagen über die Entwicklung zu machen, geht nicht ohne schriftliche Dokumentation. Das niedergeschriebene Wort hemmt voreilige, subjektive Aussagen und gibt einen exakten Zeitpunkt und Ist-Zustand wieder.

### Beobachtungsformen

| Beobachtungsform | Praktische Gestaltung | Dokumentationsweise |
|---|---|---|
| **Teilnehmende Beobachtung** | In Aktion mit dem Kind | Gedächtnisprotokoll |
| **Beobachtung aus der Distanz** Auch wiederholende **Einzelbeobachtung** ähnlichen Geschehens | Außerhalb des Geschehens volle Konzentration auf die Beobachtung. | Protokollarische Mitschrift des Geschehens mit Anspruch auf objektive Wortwahl. Auswertung im Team. |
| **Statistische Erhebungen** | Unterschiedliche Fragestellungen: z. B. Welches Kind spielt was und wo? Wann und wie oft weint es? | Tabelle, die Fragestellungen in übersichtlicher Form verdeutlicht. |

| Beobachtungsform | Praktische Gestaltung | Dokumentationsweise |
|---|---|---|
| **Leuvener Engagiertheits-Skala** Der Blick wird auf die Engagiertheit und das emotionale Wohlbefinden gerichtet: Formblätter für die Beobachtungs-Skala sind im Fachhandel erhältlich. | Keine Einordnung der Kompetenzen nach „gut" und „schwach entwickelt", sondern auf das Gleichgewicht der kindlichen Zufriedenheit und die Aktionsfreude achten. Die Beobachtungsfaktoren sind auf den Zufriedenheitsfaktor und Interesse an der Aktion gerichtet und nicht auf Leistung (s. Kapitel 8). | Auswertung in Form von Lerngeschichten. Es werden Sequenzen geschildert, in denen das Wohlbefinden und die daraus resultierenden Lernimpulse herausgestellt werden. Fotos und Kurzvideos ergänzen die Beobachtungsprotokolle. |

**TIPP**

Weitere Literatur:

Bernd Groot-Wilken: Bildungsprozesse in Kindergarten und Kita, beobachten, dokumentieren, planen

Ferre Laevers: Beobachtung und Begleitung von Kindern

Stichwort für die Internetrecherche: „Leuvener Engagiertheits-Skala" (Achten Sie hier auf Hinweise zum Erhalt des Formblatts als Beobachtungsanleitung).

**Zusammenfassung**

- Aufzeichnungen mit Datum versehen
- Namen der Kinder verschlüsseln, nur Vornamen
- Sicher vom Einblick Außenstehender aufbewahren
- Ständige Reflexion, ob Aussagen objektiv sind
- Kennzeichnung subjektiv geprägter Aussagen
- Dokumentation nicht als lästige Schreibarbeit, sondern als qualitätssichernde pädagogische Handlungsweise begreifen

# ENTWICKLUNG FÖRDERN

8

Im Alter von 0 bis 3 Jahren „explodiert" die Entwicklung geradezu. Die Selbstbildungskräfte des Kindes, seine biologische Reifung und die Entwicklung fördernde Impulse beeinflussen den Prozess. Entwicklung und Lernen sind nicht eindeutig voneinander zu trennen. Entwicklungsimpulse sind Auslöser für das Lernen. Lernen erfolgt nicht nur durch direkten Einfluss von Eltern und pädagogischen Fachleuten, sondern auch durch Begleitfaktoren wie Familiensituation, Lebens- und Wohnumfeld, gesundheitlichen Status und sozial-emotionalen Hintergrund.

Entwicklung ist als Prozess niemals statisch und kann nicht in zeitlich komplett gleich verlaufende Phasen gepresst werden. Letztendlich ist sie individuell geprägt, auch wenn sie einem Entwicklungsmuster folgt, das alle Menschen kulturunabhängig durchlaufen.

Entwicklungstabellen sind immer nur Orientierungshilfe, niemals starrer Terminplan.

### Wie junge Kinder lernen

Entwicklung und Lernen sind eng miteinander verbunden. Der Gehirnforscher und Psychiater Manfred Spitzer hat erstaunliche Antworten auf die Frage gefunden, wie das Gehirn lernt, wie Wahrnehmen und Denken funktionieren. Bereits im Mutterleib erhält das Gehirn Impulse: Der **Tastsinn** funktioniert als Erstes. Erfährt die Schwangere einen leichten Stoß auf den Leib, ist anzunehmen, dass der Embryo dies mitbekommt, und zwar dort, wo der Tastsinn im Gehirn angesiedelt ist. Spitzer spricht davon, dass schon im Mutterleib im Gehirn „ein Spur hinterlassen" wird, eine „Landkarte" des Körpers entsteht. Das Gehirn reift also nicht nur, sondern beginnt bereits, Impulse zu verarbeiten.

Ebenso ist es mit dem **Gehör**. Die Stimme der Mutter, die über die Knochenleitung übertragen wird, nimmt der Embryo vorrangig, quasi in Stereo, wahr. Anders bei Geräuschen von außen, die er durch die Bauchdecke dumpf wie bei einer schlecht ausgesteuerten Musikanlage wahrnimmt.

Der **Drang zur Selbstbildung** ist neuro-biologisch „vorprogrammiert". Diese Triebfeder ist Hintergrund für den naturgegebenen Explorationsdrang (Freude am Entdecken). Kinder im vorschulischen Alter haben noch nicht das Ziel vor Augen, etwas Bestimmtes zu lernen. Sie folgen ihrem inneren Entdeckertrieb oder lassen sich auf Impulse von außen ein, wenn diese ihren primären Bedürfnissen entsprechen. So lässt sich schon im Säuglingsalter die Aufmerksamkeit bündeln, wenn „etwas zu essen" oder „etwas Bewegtes" zum Anschauen oder Ertasten in den Mund zu nehmen ist. Stimmen, Geräusche, Musik und Gesang, verbunden mit Bewegung, lösen Interesse und Aufhorchen aus.

Erlebt das kleine Kind diese Impulse im zugewandten, warmherzigen Kontakt mit den Bezugspersonen (auch Geschwister, freundlich gestimmte Erwachsene, Haustiere), folgt es ihnen sichtbar freudig und reagiert mit Lächeln, Lachen, Quietschen vor Begeisterung, Rudern mit den Armen oder Armeausstrecken, um Kontakt mit der Quelle der Freude aufzunehmen. Kann es Gegenstände anfassen im Sinne von „begreifen", „begreift" es kognitiv die Beschaffenheit und Funktionsweise. Es **lernt** in der Aktivität und im alltäglichen Lebenszusammenhang. Insofern ist die anregungsreiche Umgebung der stärkste Auslöser für Lernprozesse, deren Gestaltung die Professionalität der pädagogischen Fachkraft ausmacht.

| Lernformen und Merkmale | Bedeutung für Kinder unter 3 | Didaktisch-methodische Hinweise |
|---|---|---|
| **Prozessorientiertes Lernen** | | |
| Zweckfreies spielerisch-aktives Handeln:<br>Hantieren, Forschen, Ausprobieren<br>Sich vom Material inspirieren lassen<br>Bei Texten: Fabulieren, Mit- und Nachplappern, gestische und ganzkörperliche Begleitung, Wiederholen als Unendlichkette – nicht zwangsläufig mit Sinngabe | Altersgerechte und vorherrschende Form der „Welteroberung" im Prozess der Selbstbildung.<br>Optimale Möglichkeit, die Selbstwirksamkeit zu erspüren.<br>Selbststeuerung und intuitives Üben.<br>Engagierte, konzentrierte Aktivität.<br>Anregender Anlass, um mit anderen Kindern in Beziehung zu treten. | Vielfältige Materialien bereitstellen.<br>Anregende Aktivitäten anbahnen.<br>Materialien und Aktivitäten sollen Möglichkeiten zu individuellem Handeln ohne vorgegebene Wege bieten.<br>Vermeiden von engen Aufgabenstellungen.<br>Verzicht auf Erreichen eines vorgegebenen Produkts.<br>Prozessbegleitende Kommentare, die den Weg des Handelns und nicht das Ergebnis herausstellen. |

| Lernformen und Merkmale | Bedeutung für Kinder unter 3 | Didaktisch-methodische Hinweise |
|---|---|---|
| **Gefühls- und ausdrucksorientiertes Lernen** | | |
| Ergänzung des prozessorientierten Lernens durch starke innere Beteiligung<br>Umweltvergessenheit<br>Versunkenheit<br>Engagiertes, ausdruckstarkes Handeln<br>Anforderung von Rückmeldung durch Anwesende<br>Begleitende Monologe<br>Dialog mit dem „Werk" | Optimale innere Anteilnahme und Aufnahmebereitschaft.<br>Hoher Grad an Selbstbestimmung und Selbstwertgefühl.<br>Gefühlsmäßige Bindung und Spüren der Selbstwirksamkeit durch individuelle Aktivität.<br>Sozialer Bezug durch Wunsch nach Anteilnahme.<br>Sozial-emotionale Auseinandersetzung mit dem eigenen Tun. | Prozessbegleitende Kommentare mit Schwerpunkt auf dem gefühlsmäßigen Erlebnis des Kindes.<br>Herausheben der Einmaligkeit des Schaffensprozesses.<br>Dabei kommt es nicht auf das komplette kognitive Verstehen der Kommentare an, sondern auf die empathische Anteilnahme. |
| **Kompetenzorientiertes Lernen** | | |
| Aneignung von Fähigkeiten, Fertigkeiten und Kenntnissen aus allen Kompetenz- und Bildungsbereichen.<br>Kompetenzbereiche sind ein künstlicher Gliederungsansatz, der nicht dem ganzheitlichen Erleben und Lernen von Kleinkindern entspricht. | Das Kleinkind eignet sich aufgrund seines Selbstbildungsdrangs unentwegt Kompetenzen an.<br>Dies geschieht in ganzheitlichen Prozessen.<br>Das Kleinkind lernt weder zweck- noch zielgerichtet.<br>Werden seine primären Bedürfnisse angesprochen, so ist es meist neugierig genug, um sich auf förderliche, lernträchtige Aktionen einzulassen. | Beobachtung der aktuellen Interessen und engagierten Aktivitäten der Kleinkinder.<br>Anknüpfend daran können solche Aktionen aufgegriffen und impulsgebend angereichert werden.<br>Es gibt dabei keinen Zwang, sondern die „Einladung zum Aktivwerden". Dabei werden Einzelkompetenzen im ganzheitlichen Prozess ohne Ergebniserwartung gefördert. |
| **Produktorientiertes Lernen** | | |
| Ein vorgegebenes Produkt soll hergestellt werden. | Diese Lernform ist nicht altersgerecht.<br>Kleinkinder handeln zweckfrei und sind | Produktorientiertes Handeln entspricht dem Denkansatz Erwachsener. Über den |

| Lernformen und Merkmale | Bedeutung für Kinder unter 3 | Didaktisch-methodische Hinweise |
|---|---|---|
| **Produktorientiertes Lernen** | | |
| Ein vorgegebenes Lernergebnis soll erzielt werden.<br><br>Ein auf die Altersgruppe abgestimmtes Produkt kann bei methodisch-didaktisch durchdachter Anleitung dem Kleinkind durchaus Stolz auf seine eigene Schaffenskraft vermitteln. | nicht auf von außen vorgegebene Ziele und Produkte ausgerichtet. Der **Besitz**, weniger die eigene Herstellung von Produkten, kann von Interesse sein.<br>Aus dem Besitzwunsch heraus kann ein Kind ab 2 Jahren sich einlassen, bestimmte Vorgaben, die zur Produktherstellung notwendig sind, nachzuvollziehen.<br>Frühestens mit Eintritt in die Grundschule ist ein produkt- und ergebnisorientiertes Lernen als bewusster Ansatz ausgebildet. | Wunsch nach Besitz sind Kleinkinder bereit, sachgerechte Techniken einzusetzen.<br>Um einen „Erfolg" und eine gewisse Ästhetik zu sichern, sollten nur Gestaltungstechniken eingesetzt werden, die entwicklungsbedingte Unzulänglichkeiten nicht als „misslungen" erscheinen lassen.<br>Beispiel: Luftballon mit selbst gerissenem farbigem Transparentpapier kaschieren und „auf jeden Fall" ohne Eingriff der pädagogischen Fachkraft eine bunte Laterne herstellen. Ist permanente Hilfe der Betreuer notwendig, wurde die falsche Technik gewählt. Auch bei produktorientiertem Vorgehen prozessorientiert kommentieren. |

## 8.1 Grundsätzliche Überlegungen zur Entwicklung

### Fragen und Antworten

**Frage 1:** Sind die genetischen Anlagen oder die Erziehung maßgeblich für die Entwicklung von Kindern?
**Antwort:** *Beide Faktoren spielen eine Rolle.*

In früheren Zeiten ging man selbstverständlich davon aus, dass ausschließlich das Erbgut die Entwicklung eines Menschen bestimmt. Im Gegenzug kam in der zweiten Hälfte des 20. Jahrhunderts die Vorstellung auf, dass die Entwicklung durch Erziehung wesentlich beeinflusst werden könne. Je nachdem, in welcher Umwelt das Kind aufwächst, sei es möglich, eventuelle Einschränkungen aus dem Erbgut zu überwinden.

Heutige entwicklungswissenschaftliche Erkenntnisse sagen aus, dass jeder Mensch mit einem biologisch gesteuerten inneren Trieb zur Entwicklung ausgestattet ist. Auf diesen Trieb jedoch darf sich der Erziehende nicht gänzlich verlassen, indem er untätig abwartet, wie sich die Entwicklung vollzieht. Er trägt stattdessen die Verantwortung, dem Kind ein anregungsreiches Milieu zu verschaffen und die Entwicklungsschritte zu unterstützen.

**Beispiel:** *Ein etwa 2 ½-jähriges Kind versucht, in einem lautstarken Anfall (sich auf den Boden werfen, schreien, strampeln) weitere Süßigkeiten zu erzwingen. Verhält es sich so, „weil Papa auch so ein Trotzkopf war", oder muss hier durch erzieherisches Handeln dem Kind aufgezeigt werden, dass weitere Süßigkeiten zu seinem Schaden sind und seitens der Erziehenden keine Kompromissbereitschaft besteht? Derartige Anfälle sind übliche Reaktionen innerhalb eines Entwicklungsprozesses. Das individuelle Temperament mag „vererbt" (also als gegeben zu akzeptieren) sein, jedoch benötigt das Kind erzieherischen Einfluss, um seinen Willen fortan angemessen vorzutragen. Die Individualität zeigt sich im spezifischen Ausleben des Temperaments.*

**Frage 2:** Vollzieht sich Entwicklung durch Imitation oder muss der Erziehende dem Kind ausdrücklich vieles vormachen?
**Antwort**: *Beide Faktoren tragen zur Entwicklung bei.*

Auf dem Wege der Imitation erschließen Kinder im ersten Lebensjahr Formen des Ausdrucks wie Gestik und Mimik, ebenso Laute und Klänge jener Sprachen, die das Kind in seiner Umgebung hört. Es ahmt sie zunächst in unspezifischen „Lalllauten", später in Worten nach. Auf Nachahmung beruht auch der Erwerb alltäglicher Handlungen, z. B. der Umgang mit Besteck oder Essgeschirr.

Selbst wenn die Motorik noch nicht hinreichend ausgebildet ist, balanciert das Kind (sofern es schon greifen kann) den Trinkbecher Richtung Mund. Dies ist Folge der Imitation seiner Umgebung. Ein ausdrückliches Vormachen ist nicht notwendig, bestenfalls behutsames Eingreifen, indem die Bewegung des Kindes ein wenig geführt wird, damit es den Erfolg seiner vorwiegend eigenständigen Bemühungen spürt.

**Frage 3**: Lernt das Kind im Spiel oder muss durch Erziehung seine Aktivitätsfreude entwickelt werden?
**Antwort:** *Erwachsene, die intensiv innerlich beteiligt mit dem Kind spielen, dienen als positives Modell.*

Der innere Drang des Kleinkinds, Gegenstände zu betasten und nach ihnen zu greifen, sorgt für eine stetige aktive Auseinandersetzung mit der materiellen Umwelt. Das Kleinkind nimmt seine Umgebung weniger mit dem Auge als mit den Händen und in den ersten 2 Lebensjahren zusätzlich mit dem Mund, den Lippen und der Zunge wahr. Dabei hat es nicht das Ziel, die physikalischen Eigenschaften wie Größe, Gewicht oder Oberflächenbeschaffenheit zu erforschen, sondern erfährt diese durch seine Lust am Umgang mit Dingen. Dieser Drang zur Selbsterfahrung ist die Basis zur Selbstbildung.

Diese Funktionslust ist biologisch angelegt. Es wäre Erziehenden kaum möglich, diese unzähligen Kenntnisse zu vermitteln – auch deshalb, weil das Kind in den ersten Lebensmonaten noch gar nicht die Fähigkeit besitzt, „Belehrungen" kognitiv zu verarbeiten. Dennoch sind die Erziehenden nicht von einer Begleitung des Prozesses der Umwelteroberung (Explorationsverhalten) entbunden.

Die Bereitstellung einer anregenden Umgebung und das Gewährenlassen (unter der Bedingung, dass die Gesundheit des noch unerfahrenen Kleinkinds nicht gefährdet wird) sind unterstützende Faktoren.

**Frage 4:** Entwickelt sich die Selbstständigkeit von selbst oder muss sie durch Erziehung entwickelt werden?
**Antwort:** *Kinder benötigen das Vertrauen der Erwachsenen in ihre Versuche, selbstständig die Welt zu erkunden.*

Auch hier besteht wiederum eine innere Triebfeder zum Selbstständigwerden. Das Kleinkind soll selbst und mitbestimmen. Diese Begriffe wirken vielleicht deplatziert für die junge Altersgruppe. Im Vertrauen auf die Fähigkeit zur Selbstregulierung muss dieser Aspekt jedoch respektiert werden.

*Ein Säugling, der bereits Sättigung verspürt, wird aufhören zu saugen und eventuell an der Mutterbrust einschlafen oder nicht weiter aus dem Fläschchen trinken, selbst wenn der Sauger im Mund bleibt. Auch beim Füttern ist zu beobachten, dass Kinder den Kopf wegdrehen, wenn sie nicht mehr essen möchten.*

*Dennoch ist es wichtig, das Trink- und Essverhalten des Kleinkinds sorgfältig zu beobachten und bei wiederholten Abweichungen von empfohlenen Mengen ärztlichen Rat einzuholen.*

*Hauptaufgabe ist, über das Wohlbefinden des Kindes zu wachen und seine Vorlieben und Kompetenzen zur Selbstregulierung zu erkennen. Überforderung ist zu vermeiden. Es ist wichtig zu erkennen, ob das Kleinkind „mal seine Ruhe" und Rückzug braucht oder aber Anstoß, um Aktivität zu entfalten.*

**LiteraturTIPP**
Lise Eliot: Was geht da drinnen vor? Die Gehirnentwicklung in den ersten fünf Lebensjahren

**Zusammenfassung**

- Biologisch vorgegebene Entwicklungsmuster und -etappen entbinden Eltern und Betreuungspersonen nicht, dem Kind vielfältige Entwicklungsimpulse zu vermitteln.
- Wichtig ist es, das Kind zu beobachten und an seinen individuellen Fähigkeiten anzusetzen.
- Erziehung und Lernen ist bei den Jüngsten immer verbunden mit liebevoller Fürsorge.

## 8.2 Altersgerechte Methoden anwenden

Die richtige Methodenwahl optimiert die Aneignung von Können, Wissen, Fertigkeiten und Fähigkeiten, unabhängig von der Altersgruppe.

Fördern ist auch mit Fordern verbunden. Die Forderung muss so bemessen sein, dass ein Erreichen des Ziels „machbar" ist, durchaus auch mit Anstrengung. Schwierige Sachverhalte zu vermitteln, ist nicht wertvoller oder schwieriger als „leichtes" Basiswissen, -fähigkeiten und -fertigkeiten anzubahnen.

Die Methode ist immer so zu wählen, dass Lernende „dort abgeholt werden, wo sie aktuell stehen", um von diesem Standort aus einen Schritt weiter zu kommen.

Lernende sollen spüren, dass sie es aus eigener Kraft schaffen können. Mit dem Erfolg wächst das Selbstbewusstsein und spornt zu weiteren Lernaktivitäten an.

### Erfolgversprechende Methoden für Säuglinge und Kleinkinder

- Die Förderung der Entwicklung des Säuglings und Kleinkinds ist ein ganzheitlicher Prozess, der alle Sinne einbezieht. Im alltäglichen Umgang werden die Bindung vertieft sowie Sozialisierung, Sprachentwicklung und Alltagswissen erweitert.
- Eine Förderung in „Einzelfächern" ist in dieser Altersgruppe nicht möglich. Eine sozialpädagogische Fachkraft ist im Grunde permanent im alltäglichen Zusammenhang Impuls gebend tätig.
- Selbst eine scheinbar banale Alltagshandlung reflektiert die pädagogische Fachkraft nach gesetzten Zielen, Absichten und dem altersgerechten Weg zum Erreichen der Ziele.

### Methodisch-didaktische Überlegungen

- **Wie** beeinflusse ich das Lernen des Säuglings und des Kleinkinds am effektivsten?
- Handlungs- und Redeabläufe (**was** will ich wie tun und was und **wie** will ich es sprachlich formulieren?)
- Welche Hilfsmittel will ich **wie** einsetzen?
- Welche Sozialform will ich wählen und **wie** gestalte ich die „Lerngruppe" (mit dem Kind allein, in Partnerarbeit, in der Kleingruppe, in der Gesamtgruppe)?
- **Wie** soll die Sitzordnung sein (sitzen, stehen, liegen, auf dem Schoß, auf Stühlen, auf Matten, frei im Raum)?

> **MERKE** Mit Erfolg lernt sich nachhaltiger als mit Misserfolg. Das Empfinden, eine Aufgabe nicht lösen zu können, nimmt die Lust am Lernen und Entdecken. Selbst sehr jungen Kindern kann durch Stimmmodulation, Verhalten und Körpersprache Mut gemacht werden, ansonsten wird ihre Explorationsfreude gehemmt.

## 8.3 Altersgerecht kommunizieren

Kommunikation gelingt nur, wenn sie situationsgerecht und empathisch ist. D.h., es geht dabei um feinfühligen, sensitiven und responsiven Umgang. Empfangene Signale (Meldungen) müssen bemerkt, richtig interpretiert, sofort und angemessen beantwortet werden.

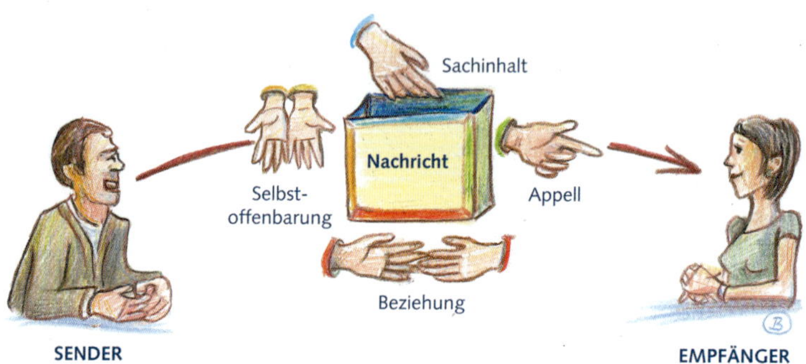


*Modell nach Schulz von Thun*

Es gibt keine Wertigkeit im Kommunikationsverhalten. Es gibt weder eine anspruchslose noch eine anspruchsvolle Methode oder Kommunikation. Richtig ist die Handlungsweise, die unabhängig vom Alter des Lernenden, seinem geistigen Auffassungsvermögen und dem sprachlichen Verständnis entspricht.

*1. Mit einem Säugling im „Brabbelton", im Singsang oder rhythmischen, einfachen Reimen zu kommunizieren, ist methodisch nicht weniger anspruchsvoll als die grammatikalisch, semantisch und fachlich-sachliche Ansprache eines Schülers in höheren Jahrgangsstufen im Fachunterricht.*

*2. Das hochbegabte Kind am Gymnasium verlangt eine intensive „Fütterung mit „Wissensstoff", um zufrieden zu sein. Das eher langsame, weniger lernmotivierte Kind mit bildungsfernem Hintergrund würde daran sprachlich scheitern. Beide Kinder würden das Interesse verlieren, wenn ihr Sprachlevel nicht berücksichtigt wird. Es ist Aufgabe des Pädagogen, den adäquaten Sprachlevel zu wählen. Der methodische Anspruch ist gleichermaßen anspruchsvoll.*

# 9 IM KOMMUNIKATIVEN PROZESS SPRACHLICHE IMPULSE VERMITTELN

## 9.1 Sprache entwickelt sich im Dialog

Kommunikation geht über das gesprochene Wort hinaus. Auch mit nonverbalen Mitteln werden Nachrichten weitergegeben. Sogenannte Kommunikationsbegleiter ergänzen den Kommunikationsprozess als empathische Faktoren:

- Stimmmodulation
- Wortmelodie
- Mimik
- Gestik
- Körperausdruck (Körpersprache)

### Modell der Kommunikation

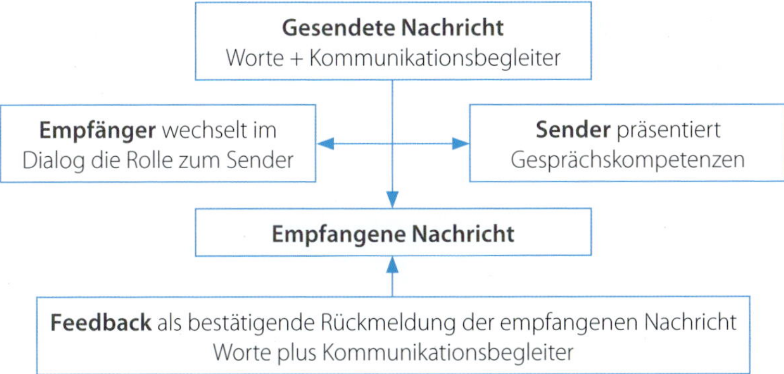


*Kommunikationsmodell*

Dieses Kommunikationsmodell beinhaltet das aktive Zuhören. Es wird und soll auch im Umgang mit jungen Kindern praktiziert werden. Insbesondere die Jüngsten, die noch überwiegend auf nichtsprachliche Weise kommunizieren, erwerben durch das Feedback Sprachkompetenz und Anerkennung ihrer „geäußerten" Bedürfnisse.

Das aktive Zuhören ist eine Kommunikationstechnik, die ein hohes Maß an Selbstkontrolle durch die Betreuungsperson verlangt.

- Mitteilungen ruhig, langsam und akzentuiert formulieren.
- Den Empfänger beobachten, ob Mimik und Gestik zeigen, dass das Gesagte angekommen ist, verstanden wurde.
- Zeit für eine „Antwort", Reaktion lassen.
- Mit kindgemäßen Worten rückmelden und damit ein „unaufdringliches" Sprachmodell anbieten.

Geeignete Sprechweise mit Baby und Kleinkind:

- Gesprächsoffenheit signalisieren, Freude am Sprechen zeigen.
- Das eigene Handeln mit Sprache begleiten, aber nicht permanent reden.
- Grammatikalisch richtig, aber in kurzen, überschaubaren Sätzen sprechen.
- Einfache, aber bildhafte Worte benutzen (schneeweiß anstatt weiß, apfelrote Bäckchen, himmelblau, kuschelweich usw.).
- Langsam, sinnbetont und artikuliert sprechen.
- Blickkontakt halten, aktiv zuhören und aussprechen lassen, auch Brabbeln bedarf des aktiven Zuhörens.
- Sprachliche Fehler des Kindes „stehen lassen", verbessert rückmelden ohne Aufforderung zum Nachsprechen.
- Artikulationsübungen spielerisch (fröhlich) ohne Erfolgsdruck.
- Zugewandte, freundliche Sprechweise, auch freundlich bestimmt.
- Sprechanregende Fragen stellen.
- Sprachliche Verschlossenheit akzeptieren und dennoch zum Sprechen ermutigen.

## 9.2 Sprachliche Entwicklungsstadien erkennen und Entwicklungsimpulse setzen

**Vor der Geburt**

| Geräuschimpulse im Mutterleib sind für die Außenwelt nicht hörbar | Interpretation und Verhaltensweisen der Bezugsperson |
|---|---|
| Ab der 20. Schwangerschaftswoche kann das Baby bereits hören.<br><br>Bis zur 40. Schwangerschaftswoche hat sich das Gehör voll funktionsfähig entwickelt. | Die schwangere Frau kann zur eigenen Entspannung und als „Höranregung" für das Kind harmonische Musik genießen. Es wird angenommen, dass sich dies harmonisierend auf den Säugling auswirkt.<br>Das Gegenteil ist also auch bei schmerzhaft lauten und schrillen Geräuschen zu erwarten. |

**Vorsprachlicher Bereich (ab der Geburt)**

Das Schreien und sonstige Laute und Körpergeräusche sind Signale für Basisbedürfnisse und haben kommunikative Bedeutung. Kräftiges Schreien ist als vitale, gesunde Lebensäußerung zu sehen. Es bedarf einiger Zeit, bis diese Äußerungen richtig interpretiert werden.

<table>
<tr><th>Lautäußerung</th><th>Ursache</th><th>Reaktion, Verhalten, Interpretation der Betreuungsperson</th></tr>
<tr><td>Kräftiges Schreien</td><td>Hunger, Durst</td><td>Zeit fürs Fläschchen?</td></tr>
<tr><td>Gedämpftes, kraftloses Schreien, Wimmern</td><td>Unbehagen, Langeweile, Schmerz</td><td>Windelwechsel notwendig?, Kleidung engt ein, Schnuller fehlt.</td></tr>
<tr><td>Kurzatmiges, nach Luft schnappendes Schreien</td><td>Herausfinden, welche Ursachen bestehen. Krampfartiges, rhythmisches Schreien?</td><td>Gestische und verbale Zuwendung, kurzer Körperkontakt. Kraftloses Schreien kann ein Signal für körperliche Beschwerden sein.</td></tr>
<tr><td>Sog. „Krähen"</td><td>Freude, Wohlbefinden Funktionslust, Zufriedenheit</td><td rowspan="2">Dem Kind gestisch, körpersprachlich und verbal signalisieren, dass man sich über sein Wohlbefinden freut. Auch einmal „in Ruhe", „für sich sein" lassen.</td></tr>
<tr><td>Sog. „Brabbeln"</td><td>Das Baby ist zufrieden, es kräht und quiekt munter vor sich hin. Entspanntheit, mit sich selbst beschäftigt</td></tr>
<tr><td>Das Kind schreit nicht oder leises, klägliches Schreien, Wimmern</td><td>Schmerz, längeres Unbehagen, „Resignation"</td><td>Soziale Nähe, warmherziger Körperkontakt, Trost spendende verbale Ansprache.</td></tr>
<tr><td>Krampfartige Bewegungen, Zuckungen</td><td>Blähungen – falsche Nahrung? Gluckern im Bauchbereich Kein „Bäuerchen" gemacht.</td><td>Leichte Bauchmassage. Nach der Nahrungsaufnahme das Bäuerchen abwarten oder durch leichtes Klopfen auf den Rücken „herauslocken".</td></tr>
<tr><td>Heiseres Schreien, rasselnde Atemgeräusche, „verschnupfte Nase"</td><td>Atemwegsinfektion?</td><td>Krankheitssymptom, Abhilfe schaffen, auch durch ärztliche Konsultation.</td></tr>
</table>

| Lautäußerung | Ursache | Reaktion, Verhalten, Interpretation der Betreuungsperson |
|---|---|---|
| **Körpergerüche** sind zwar keine Lautäußerungen, jedoch ein Signal, das Aufschluss über das Befinden des Kindes gibt. | Saurer Geruch beim Aufstoßen, Ausspeien von Speiseresten<br><br>Kot- und Uringeruch und vom Üblichen abweichende „Düfte" | Unbekömmliches gegessen?<br>Liebevoll den Mund abputzen und die eigene Kleidung ohne Klage reinigen.<br>Auch dem jüngsten Kind nicht signalisieren, dass seine Ausscheidungen „stinken" oder Ekel erregen – Respekt zeigen!<br>Verbale Formen finden, z. B. „ein großes Stinkerchen" mit freundlichem Minenspiel. |
| **Intensive Körperbewegungen**<br>Mit den Beinen strampeln, besonders ausgiebig mit bloßem Po beim Wickeln<br><br>Beim Baden:<br>mit den Armen rudern, auch im Wasser, vor Freude „quietschen" | Zufriedenheit, körperliches Freiheitsgefühl, ohne Windeln sich frei bewegen<br>Bewegungsfreude, Funktionslust (als Vorstufe unwillkürliche „Übung" für differenziertere Bewegungsabläufe)<br><br>Wonniges Wohlbefinden<br>Bewegungsfreude, Zufriedenheit | Der Bewegungsfreude Raum geben, jedoch aufpassen, dass das Kind vor lauter Freude nicht vom Wickeltisch fällt.<br>Ein Baby nicht aus den Augen lassen oder sich vom Wickeltisch entfernen, auch wenn es sich „scheinbar" noch nicht selbst fortbewegen kann.<br>Das Baby schwebt nahezu schwerelos auf dem Arm der Betreuungsperson. Auf angenehme Wassertemperatur achten (Körperwärme ca. 37 °C). |

Nur der geübte Beobachter kann evtl. an der Art des Weinens, krampfartigen Körperbewegungen, Körpergeräuschen und Körpergerüchen ein Unbehagen erahnen, aber auf Anhieb nicht definitiv lokalisieren.

Die obigen Signale sind wahrnehmbar und bedürfen der „Antwort" durch die Betreuungsperson. Entweder durch verbalen, körperbezogenen Trost oder durch praktische Abhilfe der Ursache.

- Auf nonverbale Äußerung des Babys folgt die empathische Antwort der Bezugsperson im liebevollen, behutsamen Körperkontakt, Blickkontakt, gepaart mit warmherziger Wortwahl. Dabei muss nicht zwangsläufig in einer „100 % korrekten Erwachsenensprache" gesprochen werden, auch Singsang-Töne, Brabbel-Geräusche, beruhigende Reime (ohne Anspruch auf literarischen Wert) signalisieren dem Säugling, dass seine Lebensäußerungen aufgenommen und beantwortet werden.
- Empathische Kommunikation sorgt für Zufriedenheit beim Baby.

Die Bezugsperson auf Zeit muss die „Sprache des Babys" mit Blickkontakt im Zwiegespräch erst kennenlernen. Sie bietet ihm respektvollen Körperkontakt, sanfte Berührungen und Geborgenheit.

Mit Empathie gelingt es, ein unruhiges Kind zu beruhigen, einen schreienden Säugling zu trösten. „Stillen" oder Fläschchengabe tragen oft „schnell" dazu bei, das Kind zufriedenzustellen. Gesättigt, genährt zu werden, ist für das Baby ein Signal der Zuwendung und bietet ihm existenzielle Sicherheit.

Die Wechselwirkung im nonverbalen „Zwiegespräch", verbunden mit Bedürfnisbefriedigung, bilden den Grundstein einer positiv geprägten sicheren Beziehung.

Eltern und weitere Betreuungspersonen haben normalerweise unterschiedliche Stile beim Aufbau der Beziehung, geprägt durch ihre eigene Persönlichkeit.

Dem Säugling Wohlbehagen und Zufriedenheit zu verschaffen, ist ein von den Eltern biologisch determiniertes Verhalten. Zeigt das Kind seine Zufriedenheit nach der Körperhygiene (frische Windel), Sättigung nach kräftigem Saugen an Brust oder Fläschchen, verspüren Eltern dies als „Belohnung" für ihren Einsatz. Auch die „Betreuerin auf Zeit" fühlt sich in ihrem Handeln „bestätigt", wenn sie ihren Schützling zufriedenstellt, positive Signale erhält und seine „Sprache" versteht.

**Die Laute werden differenzierter**

| Lautäußerungen | Förderung und Sprachanregung durch Betreuungsperson |
|---|---|
| **Im ersten Lebenshalbjahr**<br>Das Baby hört die Stimmen seiner Bezugspersonen.<br>Es nimmt den Ausdruck der Stimme wahr.<br>Es versteht nicht die Bedeutung der Worte.<br>Es gibt Vokal- und Gurrlaute von sich, es schreit oder weint. | Wohlklingende, sanfte, zugewandte, freundliche Ansprache, auch in Brabbelsprache antworten, mit dem Baby „erzählen".<br>Im Wesentlichen aber eine modulierte, kindzugewandte „gepflegte Umgangssprache" anwenden.<br>Stimmmodulation, nicht zu laut, nicht „schreien" und schimpfen. |

| Lautäußerungen | Förderung und Sprachanregung durch Betreuungsperson |
|---|---|
| **Im zweiten Lebenshalbjahr**<br>Das Baby zeigt erstes Verstehen von Worten.<br>So zeigt es Reaktionen, wenn sein Name oder „Mama" oder „Papa" gesprochen wird (es schaut z. B. auf die genannte Person).<br>Es versteht weitere Worte, die alltäglich in bestimmten Situationen wiederkehren und mit Ausdruck gesprochen werden: | Wenn ersichtlich ist, dass das Baby z. B. Worte wie Mama oder Papa versteht, positiv rückmelden und gestisch begleiten: „Ja, hier ist die Mama". |
| z. B. das Wort Nein.<br>Ein „inflationärer" Einsatz des Wortes Nein ist zu vermeiden.<br>Zum Nein gehört auch eine Begründung, dabei geht es nicht zwingend darum, dass das Kind den genauen Wortlaut versteht.<br>Es soll aber merken, dass der Erwachsene „eine Erklärung" hat. Das Nein ist kein Befehl, sondern eine Hilfsmaßnahme, die auch schützenden Charakter hat. Das rigorose Nein wird nur dann eingesetzt, wenn es absolut unumgänglich ist, und dient als verbindliche Ansage. | Das Wort NEIN wird früh verstanden, weil es meist mit eindringlicher Stimme und Geste begleitet wird.<br>Es soll nicht streng, bedrohlich geäußert werden, sondern klar und unmissverständlich. Es soll lautmalend moduliert werden, vom ersten „augenzwinkernden Nein", das als Erinnerung fungiert, über das „Nein" als deutliche zweite Ermahnung bis zum klaren endgültigen „Nein".<br>Dieses muss nach längerer, geduldiger Ermahnung oder bei drohender Gefahr als ernstes Signal dienen. |
| Das Synonym für „Auf Wiedersehen" in Form von „Winke, winke"-Bewegung | Die internationale Geste ist ein gutes „Übergangssymbol" bei der Verabschiedung der bringenden Elternteile. Wenn es als fröhliches, optimistisches „Ritual" eingesetzt wird, lernt bereits das ganz junge Kind die Verabschiedung als etwas Normal-Alltägliches einzuordnen |
| „Heia, heia" für „schlafen gehen" oder als Bezeichnung für das Bett | Ersatzworte wie „Heia, heia" für Schlafengehen oder müde sein, auch in „verbesserter Rückmeldung" wiedergeben: Z. B. „Die Greta ist müde, will heia, heia machen, in die Heia gehen und schön gemütlich in ihrem Bettchen schlafen." |

| Lautäußerungen | Förderung und Sprachanregung durch Betreuungsperson |
|---|---|
| „Da, da …" mit auf etwas deutendem Zeigefinger, „gib mir bitte" bei ausgestreckter bittender Handbewegung | Hier ist es sehr einfach, dieses unspezifische „da, da" mit dem richtigen Begriff zu benennen und dabei pointiert den Gegenstand damit in Verbindung zu bringen. |
| Das Weinen wird spezifischer (es schmeichelt, klagt, quengelt). Manchmal „spielt" das Baby auch mit seinen „Weingeräuschen". Freude am Klang der eigenen Stimme? Funktionsspiel (zweckfrei) zum „Ausprobieren", was so alles aus der Kehle kommt. | Das Weinen ist nicht mehr ein schwer zu deutendes „Geschrei". Je nach erkennbarem Hintergrund muss jetzt spezifischer reagiert werden. Sog. Quengeln oder Nörgeln ist nicht Ausdruck von willentlichem „den Erwachsenen nerven", sondern signalisiert Unzufriedenheit, die in dem Alter nur der Erwachsene abstellen kann. Ablenken, Schnuller geben, freundlich ansprechen, Spielzeug anreichen oder ein anderes Spielzeug anbieten können das Wohlbefinden schnell wieder herstellen. Eine fantasievolle Anregung für das Baby ist meist weniger „anstrengend" als eine permanente „Quengelgeräuschkulisse". |
| Das Baby beginnt, Laute zu imitieren (z. B. die Sprachmelodie). Das Baby beginnt zu plappern mit Silbenaneinanderreihung „lö-lö-lö", „ga-gaah", „gaa", „da, da" „mam, mam" mit „Schmatzgeräusch". | Diese Lautimitationen sind sinnbetonter als das „reine Brabbeln" im ersten Lebenshalbjahr. Hier kann mit einfachen Sätzen ein „einfaches Gespräch" entstehen, von dem das Kleinkind den Basis-Sinngehalt u. U. versteht. |
| **Ab einem Alter von 9 Monaten** horcht es bei Gesprächen von Familienmitgliedern auf. | Wenn erkennbar ist, dass das Baby einzelne Worte erkannt hat, soll ihm signalisiert werden, dass es „richtig verstanden" hat. Gestisch, verbal und ggf. durch Präsentation des erkannten Gegenstands. |

| Lautäußerungen | Förderung und Sprachanregung durch Betreuungsperson |
|---|---|
| **Im 2. Lebensjahr**<br>Das Kleinkind reiht Worte und Lautfolgen aneinander, die keinerlei Satzstruktur aufweisen.<br>Es entsteht ein richtiges Kauderwelsch, das aber die Sprechweise von nahen Angehörigen imitiert.<br>Auch Tierlaute („wau, wau" für Hund) liegen dem Kleinkind nahe. Es verwendet sie anstelle der richtigen Bezeichnung.<br>Merkmal geistiger Kompetenz (es erkennt bereits einen Hund). Anfangs steht bei einigen Kindern „Wauwau" für alle kleineren Vierbeiner.<br><br>**Zweiwortsätze** folgen in der zweiten Hälfte des 2. Lebensjahrs, der Wortschatz beträgt dann zwischen 20 – 50 Worte. Jetzt kann sich das Kind viel besser verständlich machen. Zweiwortsätze sind sehr vieldeutig – nur im kommunikativen Gespräch mit dem Kleinkind lässt sich die beabsichtigte Aussage klären: „Papa, nein" könnte heißen „Papa, sagt nein, wenn ich an den Knöpfen der Stereoanlage drehe". | Die pädagogische Fachkraft „versteht" die noch unvollkommenen sprachlichen Äußerungen, setzt aber selbst eine richtige, einfache und akzentuierte Sprache ein.<br>„Wauwau" wird zunehmend als Hund bezeichnet.<br>Auch hier schon die richtigen Tiernamen nennen, wenn das Synonym „Wauwau" z. B. auch für einen Hasen gewählt wird.<br>Die pädagogische Fachkraft versucht die Aussagen zu interpretieren. Ist sie sich nicht sicher, fasst sie das Verstandene zusammen. Aus Mimik und Sprachduktus des Kindes ist durchaus schon ein „nein, stimmt nicht" oder Zustimmung herauszufiltern. Ist das Verständnis sichergestellt, spricht die pädagogische Fachkraft in korrekter Form und signalisiert Freude über die geglückte Kommunikation. |
| **Im 3. Lebensjahr**<br>Das 2-jährige Kind kann weitaus mehr verstehen, als es sprechen kann.<br>Vom Zweiwortsatz zur Sprache mit weitgehend richtiger Begrifflichkeit und Satzbau benötigt das Kind noch die Zeit bis zum Schuleintritt. Beim Erlernen von Lesen und Schreiben und bei der Auseinandersetzung mit Sachthemen wird seine Sprache differenzierter werden.<br>An dieser Stelle wird *kein* zeitlicher Ablauf der Sprachentwicklung skizziert, denn es gibt keine allgemeingültige Struktur. | Man hört das Kind häufig seine eigenen Tätigkeiten kommentieren.<br>Durch Impulse der Erwachsenen entwickelt sich das Kind entweder in Richtung Sprechfreude oder eher Sprechfaulheit, wenn es wenig Reaktion auf seine Sprechaktivität erfährt. |

| Lautäußerungen | Förderung und Sprachanregung durch Betreuungsperson |
|---|---|
| Anhand der folgenden Wortarten soll nur der Gang der Entwicklung verdeutlicht werden: | |
| **Verben/Tätigkeitswörter**: Zunächst wird die Infinitivform benutzt, erst später kommt die Konjugation (Beugung) hinzu: „Mama esse(n), Mama esst, Mama isst". | Verbesserte Rückmeldung im Dialog, einfache aber korrekte Satzbildung: „Ja, die Mama isst gerade eine Banane. Mmh, die schmeckt." |
| **Adjektive/Eigenschaftswörter:** Sie werden anfangs noch gar nicht verwendet. Lediglich solche, die von den Angehörigen in gefühlsbetonten Augenblicken benutzt werden. | Beispiel: Der 20 Monate alte Niko steht mit gewichtigem Blick und Zeigen vor dem Kaminofen und sagt „hei..." (gemeint ist „heiß, sehr heiß, bloß nicht anfassen"). Durch eine adjektivreiche Sprache der Erzieherin entstehen Vorbilder, die Imitation zur Folge haben. |
| **Personalpronomen/persönliche Fürwörter:** Die ersten sind die besitzanzeigenden: „mein is" = „Das ist mein Teddy", „mir". Erst später folgt das „du" und „ich". Zu Beginn des 3. Lebensjahrs sagt das Kind z. B. „Omi Nane holen?" statt „Holst du mir eine Banane, bitte?" Das 2-Jährige nennt sich selbst beim Vornamen, bevor es die Ichform wählt. „Greta Nane!" bedeutet vielleicht „Greta will eine Banane", „und zwar sofort...". | Im Rollenspiel wird der Teddy berührt, er zeigt z. B. auf das Kleinkind und sagt: „Ich bin Gretas Teddy", die Betreuerin sagt: „Und das ist meine Nase", indem sie auf ihre Nase deutet. Im Alltag solche Gesprächsanlässe aufgreifen, spielerisch wiederholen, jedoch nicht auf „Nachsprechen" drängen. Sprachmuster prägen sich „en passent" ein, Wiederholung übt, ist aber kein ausdrückliches, pflichtbetontes Üben (Pauken), sondern immer an eine reale Situation geknüpft. |
| **Räumliche Präpositionen:** Anfangs nur einfache Lagebezeichnungen wie „in", „auf", „unter". Weitere werden erst mit 4-5 Jahren aufgenommen. | Kleinkinder lieben es, Gegenstände weg-/herunterzuwerfen und den Erwachsenen zum Aufheben, Anreichen und Kontakt zu bewegen. Bei diesem Spiel immer wieder die entsprechenden Präpositionen einbringen, nicht lehrhaft, sondern als gestisch begleitetes Rollenspiel. Sobald das Kind mobil ist, mit kleinen Aufträgen – „Bring den Ball unter den Tisch" – spielerische Handlungen entwickeln. |

| Lautäußerungen | Förderung und Sprachanregung durch Betreuungsperson |
|---|---|
| **Zeitliche Präpositionen:** Für ein 2-jähriges Kind sind zeitliche Angaben noch nicht verständlich. Es lebt noch zeitlos. Im Gegensatz zu den räumlichen Präpositionen kann Zeit nicht „gezeigt" oder aktiv erfahren werden. Frühestens im 3. Lebensjahr erhält das Kind eine Ahnung über Zeitangaben, wenn sie an direkt nachvollziehbare Ereignisse gekoppelt sind. Insbesondere, wenn Kinder einen relativ regelmäßig verlaufenden Tagesplan verinnerlicht haben, werden ihnen Zeitangaben begreiflicher. | Beispiel: „Nach dem Mittagsschlaf lese ich dir eine Geschichte vor." „Wenn du ausgeschlafen aus dem Bett kommst, gehen wir auf den Spielplatz (oder kommt der Papa dich abholen)." |
| **Oberbegriffe:** Im 3. Lebensjahr kann ein Kind schon einige Nahrungsmittel richtig benennen und zuordnen, kennt jedoch den Oberbegriff der Lebensmittel noch nicht. | Beispiel: Apfel, Birne, Banane werden einzeln richtig benannt, der Oberbegriff „Obst" noch nicht. Lottospiele, Sortierspiele, Ratespiele mit nicht mehr als 3-4 Gegenständen üben Oberbegriffe spielerisch ein. Visualisierung zwingend notwendig. Der reale Gegenstand prägt sich besser ein als das Bild oder lediglich das gesprochene Wort. |
| **Mengenbegriffe:** Wenn 2-Jährige zählen (manchmal erstaunlicherweise schon bis fünf und mehr), heißt das nicht, dass sie bereits eine Vorstellung von der Menge haben. Sie sprechen es wie einen Vers, der ihnen gefällt und eingängig ist.<br>Erst im 3. Lebensjahr haben sie eine Vorstellung von „eins" oder „viele". Erst wenn dieser Prozess geistig vollzogen ist, kann die Ein- und Mehrzahl gebildet werden.<br><br>Bis ins Schulalter werden bei den **Mehrzahlbildungen** noch Fehler gemacht, indem Analogien zu häufigen Mehrzahlformen vorgenommen werden. | Zählen erfreut die meisten Kleinkinder schon sehr früh. Finger zählen, Gegenstände zählen, Treppenstufen, eben alles, was alltäglich vorhanden ist. Es schadet nicht, das Zählen als Spiel zu gestalten, darf aber nicht ergebnisorientiert als „Lerneinheit" ans Kind herangetragen werden. Einfache Kartenlegespiele, Ratespiele, versteckte Gegenstände suchen und entsprechende Benennung festigen die Mehrzahlbildung nicht nur vom Mengenverständnis her, sondern auch in der sprachlichen Begrifflichkeit.<br><br>Beispiel: ein Mund, zwei Munds |

Da eine gut entwickelte Sprache richtungsweisend für weitere Bildungsförderung ist, sind vielfältige Impulse von Anfang an wichtig, also altersgerechte Kommunikation, Sprachförderung in Kleingruppenarbeit (nicht mehr als 4 Kinder!). Tischspiele (Lotto, Memory) z. B. erscheinen ab 2 Jahren dann als ein taugliches Instrument, wenn dabei die methodischen Grundprinzipien „spielerisches Lernen mit Herz, Hand, Fuß und allen Sinnen in Bewegung" berücksichtigt werden. Jüngere Kinder nehmen durch „Dabeisein" Sprachmuster auf. Entwicklungen sollten registriert, dokumentiert und den Eltern zeitnah im täglichen Gespräch mitgeteilt werden. Jede positive Meldung über eine gelingende Entwicklung knüpft an die Emotionen und Hoffnungen von Eltern an. Die konkrete Auswertung der Dokumentation ist ein guter Gesprächsanlass, um die in der Ku3-Betreuung beobachtete Entwicklung Eltern nahezubringen.

## 9.3 Die Sprache der Betreuerin

Sie beruht auf dem bewussten Einsatz von

- Semantik
- Syntax
- Phonetik/Betonung und Modulation
- Stimmhöhe, laut sprechen heißt nicht schreien
- Leise sprechen ist nicht zwangsläufig flüstern
- Stimmpflege, um häufige Berufskrankheiten wie Kehlkopfentzündungen zu vermeiden (ggf. Therapie durch Logopäden)

### Die Körpersprache als Hilfsmittel

An zwei Beispielen soll die Kommunikation mit Säugling und Kleinkind aufgezeigt werden:

*An folgendem Beispiel „Ich möchte eine Banane essen" ist zu erkennen, dass Gestik, Mimik, sprachähnliche Geräusche und die Bereitwilligkeit der Betreuungsperson, das Kleinkind zu verstehen, zu erfolgreicher Kommunikation führen.*

*Sieht das Kleinkind z. B. eine Banane, die als täglicher Obstbrei oder als Ganzes zum eigenständigen Essen in die Hand gegeben wird, so regt der Anblick sehr wahrscheinlich den Appetit an. Je nach Sprachvermögen, „Nam, nam" mit Schmatzgeräuschen als Ausdruck des Appetits oder „Da, Nane!" die Hand nach dem begehrten Obst ausstreckend, steckt eine Vielzahl von Aussagen dahinter:*

1. *Banane erkannt.*
2. *Appetit auf Banane, schmeckt mir besonders „lecker".*
3. *Ich will die Banane in die Hand nehmen, damit spielen (hantieren) und/oder essen.*
4. *Bei keiner Reaktion: mangelnder Appetit oder*
5. *ich mag keine Banane oder*
6. *anderes interessiert mich augenblicklich mehr.*

*Wie kann die pädagogische Fachkraft herausfinden, was das Kleinkind meint?*

7. *Z. B. den Obstbrei (die Tätigkeiten verbal begleitend) vor den Augen des Kindes herstellen, um den Appetit anzuregen,*
8. *oder die Banane anreichen und eigenständig essen lassen.*

*Ist es wirklich Zeit für eine Mahlzeit und das junge Kind zeigt selbst noch kein Interesse, sollte die Betreuerin selbst aktiv werden, indem sie appetitanregend die Banane präsentiert und dies verbal begleitet: „Mmh, lecker", „Jetzt gibt es eine leckere Banane."*

*Je nach Reaktion des Kindes wird sie erkennen, ob das Kind tatsächlich keinen Hunger hat oder mit anderem beschäftigt war und die angebotene Mahlzeit „übersehen" hat.*

### Hände und/oder Gesicht und Po waschen – ohne viel Worte

| 0 – 6 Mon |
| --- |
| **Verbale Kommunikation**<br>„So, jetzt waschen wir einmal die Händchen, fein ist das, blitzsaubere Händchen, schööön fühlt es sich an."<br>Gesicht: Nase, Wangen, Stirn, Kinn und Hals betupfen und dann sanft abwaschen, verbal begleiten.<br>**Körpersprache**<br>Behutsames Abtupfen, zunächst mit befeuchtetem Waschlappen, sanfte Sprache, jede Hand einzeln abwaschen, auch zwischen den Fingern, an den sauberen Fingern schnuppern.<br>**Hilfsmittel**<br>Einweg- oder persönlichen Waschlappen, der am Ende des Tages in die Waschmaschine gehört<br>Für den Po immer persönliche Einmal-Waschlappen benutzen oder Waschlappen sofort in die Wäsche!<br>**Maßnahmen bei Misserfolg**<br>Scheut das Baby die Prozedur, kurz und behutsam das „Nötigste" abwaschen.<br>Trotz guter Pflege kann der Po wund werden. Ein lauwarmes, sanftes, nasses Abwaschen lindert nach dem ersten „Brennen". Tröstende, beruhigende Worte und zügige Pflege.<br>Das baldige Ende der unangenehmen Prozedur signalisieren und das „tapfere" Durchhalten loben. |
| **Vom 6 Mon bis ins 2. und 3. Lebensjahr** |
| **Verbale Kommunikation**<br>„Rituale" beibehalten, Reime erfinden, die den Namen des Kindes beinhalten.<br>**Körpersprache**<br>Noch akzentuierter die Körperteile benennen, indem sie berührt, merklich „angefasst" werden (bei der Pflege).<br>**Hilfsmittel**<br>Geschlechtsteile und Analbereich nur mit Pflegetuch oder Waschlappen waschen.<br>Pflegemittel von den Eltern beschaffen lassen, Unverträglichkeiten beobachten. |

**So früh wie möglich** soll das Kleinkind sich selbstständig die Hände waschen. Zeigen, ausprobieren lassen, nachhelfen ohne Kritik

**Verbale Kommunikation**
Bei der ersten Demonstration verbal begleiten, dann zunehmend verbal zurücknehmen und dem Ausprobieren Raum geben.

**Körpersprache**
Sehr akzentuiert jede Bewegung demonstrieren, Ärmel hochziehen, Wasserhahn öffnen, einseifen, (Seife oder Seifenspender), Hände reiben, abspülen, Wasserhahn schließen, abtrocknen.

**Maßnahmen bei Misserfolg**
Das Händewaschen gelingt nicht auf Anhieb. Viel üben lassen. Abtrocknen ist schwierig, immer wieder prüfen, ob die Hände trocken sind. Dabei nicht mit Lob sparen!

## 9.4 Altersgerechte Methoden der Sprachförderung

Das vorschulische Kind, z. B. das 4-jährige Kindergartenkind, verfügt bereits über ein Maß an Sprache, das ihm ermöglicht, verbale Aufforderungen aus seinem direkten Lebensumfeld zu verstehen und im Dialog zu lösen.

Wie viel anders ist dies bei einem Kind im Säuglingsalter bis 2 Jahre, das lediglich in Einwortsätzen oder einfachsten Satzgebilden spricht! Selbst, wenn es schon eine große Anzahl von Gegenständen benennen kann (und noch mehr erkennt, wenn es die Benennung hört), so bleibt ihm der Großteil der Erwachsenensprache unverständlich. Wissen **will** es ohnehin nicht erwerben, wenn überhaupt, „lernt es nebenbei" im Rahmen der Selbstbildung. Es ist allerdings von Natur aus neugierig und experimentierfreudig, möchte Gegenstände anschauen, betasten sowie sach- und unsachgemäß verwenden und hat mehr den Drang, aktiv etwas zu „begreifen" als darüber zu sprechen.

Der Säugling „versteht" die Sprache zwar noch nicht, kann allerdings aus Handlungen (körperlichen Signalen) einige Rückschlüsse ziehen. Darum ist ausdrückliches Vorführen von Handlungen sehr wichtig. Je bekannter und vertrauter ihm diese Vorgänge sind, desto selbstverständlicher wird er sich ihnen „fügen". Selbst beim sprachlich weiter entwickelten Kleinkind führen rein verbale Aufforderungen und Ansagen oft nicht zum wirklichen „Verständnis". „Komm mit zum Händewaschen!", dringt als Aufforderung nur in sein Bewusstsein, wenn es mit Blickkontakt, gestisch begleitet und eindeutigem Aufforderungscharakter formuliert wird. Sonst kann die noch so freundlich formulierte Bitte gänzlich am Kind „vorbeigehen". Also durch Gesten begleiten: Hände pantomimisch waschen, Fingerzeig Richtung Waschraum, das „Komm mit" als gestische Einladung. Dazu gehört eine freundlich animierende Stimmmodulation. Wenn dann noch keine Reaktion erfolgt, auf das Kind kontaktsuchend zugehen.

Vielleicht ist sogar das Reichen der Hand ein „Lockmittel“ zur baldigen Bewegung in die gewünschte Richtung. Wenn selbst dann keine Reaktion erfolgt, mit einem ermunternden Stupsen, leichtem Ziehen, also nicht zerren oder gegen den Bewegungswillen „nachhelfen“.

**Viel reden nützt weniger als einladende Handlungen.**

Das Kind ist nicht mutwillig unaufmerksam oder gar trotzig, wenn es nicht sofort folgt, sondern vermutlich hat es einen anderen Interessenmittelpunkt. Wie falsch, geradezu ungerecht, wäre in diesem Fall ein unwirscher Ton oder mit drohend erhobener Stimme „Wenn du jetzt nicht sofort kommst, dann passiert dies oder das!“.

Um Übergänge von einer Situation in die andere erfolgversprechend zu gestalten, ist es wichtig, körpersprachliche Signale zu senden, die zum „Aufmerken“ geeignet sind. Das spezielle Geräusch, das immer wieder in dieser Situation gesungene Lied oder der gesprochene kleine Reim löst vielleicht erste Aufmerksamkeit aus und zieht einzelne, noch im aktuellen Geschehen steckende Kinder in die neue Situation hinein (s. Kap. 7.4 Übergänge praktisch gestalten).

### Zusammenfassung

- Da das Kind im ersten Lebensjahr noch über keinen aktiven Wortschatz im Sinne semantisch korrekter Begriffe verfügt, ist es darauf angewiesen, seine Bedürfnisse mit Lauten, Gesten und Mimik auszudrücken.
- Das Schreien des Neugeborenen und das Weinen des älteren Säuglings und Kleinkinds wird von achtsam beobachtenden Bezugspersonen bereits nach kurzer Zeit in seiner Unterschiedlichkeit erkannt und kontrolliert, ob eine körperliche Beeinträchtigung vorliegt.
- Hunger, Müdigkeit, Langeweile oder Schmerz bringen individuell unterschiedliche Schrei-/Weingeräusche hervor.
- Wohliges Empfinden kommentieren und empathisch die eigene Freude darüber zum Ausdruck bringen.
- Auch wenn das Kleinkind noch nicht aktiv spricht, verfügt es über sprachliche Kenntnisse in Form des passiven Wortschatzes und empfindet die Körpersprache des Erwachsenen als Rückmeldung auf seine Empfindungen.
- Nonverbale Kommunikation und begleitende Worte sind notwendig, um Alltagssituationen miteinander harmonisch zu lösen.

# SOZIAL-EMOTIONALE ENTWICKLUNG VON ANFANG AN FÖRDERN

10

Professionelles Handeln in Bezug auf die Förderung der sozio-emotionalen Entwicklung besteht darin, die Entwicklungsschritte und besonderen Eigenheiten im Verhalten des Kindes zu erkennen. Ausdrückliche Fördermaßnahmen gehören nicht in diesen Lebensabschnitt. Das Baby braucht zum Aufbau seines sozialen Verhaltens Nähe, Aufmerksamkeit, Fürsorge, Akzeptanz und wohlwollendes Gewährenlassen.

Die beste Grundlage für die Entwicklung sozialen Verhaltens ist die sichere **Bindung** (s. Kap. 4). Hierin spiegelt sich die Basis sozialen Verhaltens wider, das Hinwenden zum anderen.

## 10.1 Die Entwicklung des eigenen Ichs

Martin Buber, ein Religions- und Sozialwissenschaftler, hat 1878 den noch heute gültigen Satz geprägt: Der Mensch wird am „Du" zum „Ich". Das Kind lernt von Geburt an, im Kontakt zu seinen Bezugspersonen (dem Du) sein eigenes Ich zu entdecken und herauszubilden.

In der Ku3-Betreuung müssen die Betreuungspersonen ein verlässliches „Du" stellvertretend für die Eltern sein.

Das im frühen Kindesalter entwickelte „Ich" ist die Basis für das Persönlichkeitsprofil, das ein Mensch im Laufe seines Lebens erwirbt. Es verleiht ihm im sozialen und gesellschaftlichen Zusammenhang individuelle Prägung und braucht ein starkes Ich als Folge sicherer Bindung.

### Resilienz – Selbstwirksamkeit

Die Stärke des eigenen Ichs spiegelt sich auch in der Widerstandsfähigkeit (Resilienz) eines Kleinkinds bei der Bewältigung schwieriger Lebensumstände wider.

Hat das Kind von früh an zuverlässige Bindungsfaktoren (Bedürfnisbefriedigung, Fürsorge und Sicherheit) erfahren, vertraut es auf seine Selbstwirksamkeit. Es hat gelernt, dass Belastungen zu bewältigen sind und es der Eigenaktivität bedarf, um sich „nicht unterkriegen zu lassen" und Krisen zu meistern.

Ein Säugling, der trotz Hunger, Durst, Schmerz, Schreien, Wimmern erfahren muss, dass seine primären Bedürfnisse unberücksichtigt bleiben, verfällt in Resignation. Seine Resilienz wird sich bei zahlreichen ähnlichen Erlebnissen kaum entwickeln. Ängstliches, verunsichertes Verhalten aufgrund eines tief erschütterten Sicherheitsbedürfnisses kann die Folge sein.
Manche Kinder fallen später aufgrund unverständlicher Aggressivität auf, andere sind auffällig introvertiert und geraten oft in die „Opferrolle".

## Entwicklungsverlauf – sozial – emotional

| Entwicklungsstufe | Begleitung und Förderung durch die Betreuungsperson |
|---|---|
| **Phase 1 – die ersten Lebensmonate**<br>Bezugsperson wird durch Stimme, Gesicht und Geruch wahrgenommen. | In der ersten Lebensphase ist es empfehlenswert, dass eine „überschaubare" Anzahl von Personen den Säugling betreut. Vater und Mutter sollten die überwiegende Zeit mit dem Baby verbringen, um sich gegenseitig kennenzulernen und eine konstante Beziehung aufzubauen. Helfer sind für kurze Zeiträume verkraftbar, am besten, wenn die Bezugsperson in Sichtweite bleibt. |
| **Phase 2 – ab dem 4. Lebensmonat**<br>Das Sehvermögen ist erweitert, das Baby wendet sich bekannten Personen zu.<br>Es ist optisch in der Lage, bekannte und nicht bekannte Personen zu unterscheiden.<br>Sein Blick richtet sich auf Geschehnisse in der Umgebung. | Die Öffnung zum „Du" setzt die Persönlichkeitsfindung in Gang.<br>Eltern benennen sich im Dialog mit „Mama", „Papa" (oder ähnlich).<br>Wird das Baby einer anderen Person übergeben, soll dies „nicht einfach so nebenbei", sondern zugewandt und verbal begleitet werden, z. B.: „So, und nun geht unsere Greta bei Opa auf den Arm."<br>Am freundlichen Umgang der Erwachsenen spürt das Baby, dass es „vertrauen kann" und „alles in Ordnung" ist. |
| **Phase 3 – um den 7. Lebensmonat**<br>Das sogenannte **Fremdeln** als Ausdruck sozialen Verhaltens tritt auf. So wendet sich z. B. das Baby bei Auftauchen einer fremden Person ab.<br>Oder es klammert sich an die Bezugsperson; es weint. | Das „Fremdeln" als eine natürliche Entwicklungsstufe zulassen. Aber dennoch Kontakte zu anderen Personen nicht vermeiden, sondern ausdrücklich freundlich alltäglich miteinander umgehen.<br>Nicht gegen ein evtl. Sträuben den Kontakt mit anderen „erzwingen". |

| Entwicklungsstufe | Begleitung und Förderung durch die Betreuungsperson |
|---|---|
| Das Verhalten kann sich bis zum 30. Lebensmonat hinziehen und nimmt mit der Zeit ab.<br>Verstanden werden kann das Fremdeln als eine Art „Trennungsangst", somit als natürliche Reaktion, um die Beziehung zu bekannten Bezugspersonen zu sichern.<br>Erste Anzeichen eines Ich-Verständnisses, jedoch noch keine Bezeichnung als Ich für sich selbst. | Das Klammern durch nahen Körperkontakt annehmen und beschwichtigend und „sorglos" mit dem Baby sprechen.<br>Diese „Angst" zeigt, dass das Kleinkind die Bezugsperson, die Eltern, bereits als „sicheren Hafen" erkannt hat und auf dem Wege zu einer sicheren Bindung ist. Es „zeigt" den Bezugspersonen, dass es ihnen vertraut. |
| Weiterhin entwickeln sich im zweiten Lebenshalbjahr erste Ansätze eigenen Willens als weiterer Schritt zur Ich-Findung.<br>Das Baby beginnt, sich als eigene Person zu begreifen, erfährt jedoch auch, dass es Grenzen bei der Bedürfnisbefriedigung gibt. | Das Kind bezeichnet sich mit dem eigenen Namen oder dem Lautgebilde, das es bereits artikulieren kann.<br>Die Betreuungsperson lässt zunehmend das „Du" einfließen als Ersatz für die Namennennung.<br>Also nicht nur: „Die Greta bekommt jetzt ihr Fläschchen", sondern: „Komm, Greta, du bekommst jetzt dein Fläschchen." |
| **Phase 4 – Beginn im 2. Lebensjahr**<br>Die Hochphase des **„Ich will!"** und der Trotzreaktionen auf nicht erfüllte Wünsche. Damit verbunden ist die Anwendung des Wortes **„nein".** Je nach Temperament wird das Kleinkind seinen Willen vehement fordern oder Dinge eher ruhig hinnehmen. | Auch wenn die Betreuungsperson geduldig und verlässlich die Bedürfnisse befriedigen soll, können jetzt auch Grenzen gesetzt werden, z. B. wenn das Kleinkind mit „Gebrüll" etwas durchsetzen möchte.<br>Niemals darf „der Wille gebrochen" werden, aber dennoch wird im ruhigen Ton zur Geduld aufgerufen: „So, jetzt musst du (oder die Greta) ein bisschen warten, bis der Brei etwas kälter geworden ist." Dabei pustet die Betreuungsperson die Löffelportion kühler, lässt sich aber nicht zur Eile zwingen. Sie lässt das Kleinkind aber auch nicht „extra warten", sondern geht nach sachlich begründetem Vorgehen zugewandt auf das Kind ein.<br>Ein Lob rundet die vielleicht aufgebrachte Geduld des Kleinkinds ab. |

| Entwicklungsstufe | Begleitung und Förderung durch die Betreuungsperson |
|---|---|
| **Ende des 2. Lebensjahrs** Entstehung des Ich-Bewusstseins. Das Kind beginnt, sich mit dem eigenen Namen zu benennen. | Sein eigenes Ich gefunden zu haben, erfüllt das Kleinkind mit Stolz. Es lässt sich gerne loben und seine Besonderheiten (was es schon alles kann, wie geschickt es bestimmte Dinge vollzieht) hervorheben. Die Nennung des persönlichen Namens soll mehr in den Mittelpunkt treten. |

Der folgende sogenannte **Spiegeltest** kann als fantasievolles Spiel eine „freudige Aktion" für das Kind und aufschlussreich für die beobachtende Betreuungsperson sein.
Um die Einstellung des Kindes zum eigenen Ich zu erkennen, ist es interessant, Kleinkinder vor dem Spiegel zu beobachten:

- 1-jährige Kleinkinder erlebt man vor dem Spiegel als sehr interessiert. Sie nutzen ihr Spiegelbild als Spielpartner, reichen ihm Spielzeug an und erkunden, ob sich hinter dem Spiegel das reale Gegenüber befindet.
- Im 2. Lebensjahr ändert sich das Verhalten: Einige reagieren erschreckt auf ihr eigenes Spiegelbild, weil sie sich mit dem eigenen Ich konfrontiert sehen. Andere spielen mit dieser Erkenntnis, indem sie Grimassen schneiden, lustige Szenen spielen und über sich lachen.

Interessante Versuche zur Selbstwahrnehmung wurden u. a. von Lewis oder Bischof-Köhler durchgeführt (**Rouge-Test**):

- Kindern, die den 18. Lebensmonat noch nicht erreicht haben, wird unbemerkt ein roter Farbfleck ins Gesicht getupft, während sie sich im Spiegel betrachten. Das Verhalten der Kinder bleibt unverändert im Umgang mit ihrem Spiegelbild. Den roten Farbtupfer nehmen sie offensichtlich nicht wahr.
- Anders verläuft dieser Versuch mit Kindern, die älter als 18 Monate sind: Sie entdecken mit Erstaunen den Farbtupfer und greifen in ihrem Gesicht danach.

### Geeignetes Erzieherverhalten

- Das Kind in seiner Persönlichkeit ernst nehmen (dies gilt für jedes Lebensalter!).
- Es mit seinem Namen ansprechen und darin Zuneigung und Wärme zeigen – die Verwendung von Kosenamen den Eltern überlassen, aber auch nicht „verkrampft" jede persönlich geprägte liebevolle Anrede unterdrücken. (Also nicht nur „Mäuschen, Spätzchen, Schätzchen, Liebchen" usw.)
- Mit der zweiten Hälfte des 2. Lebensjahrs das Wort „ich" pointiert herausheben.
- Von sich selbst als „ich" und vom Kind nicht als „die Sarah" reden und das „Du" anwenden.
- Lieder, Verse und Spiele, die das **Ich** betonen, in den Alltag einbringen.

## 10.2 Trotz, Willensbildung, das Nein

Mit dem eigenen Ich wird die Wahrnehmung der Selbstwirksamkeit differenzierter. Der persönliche Wille wird erkannt und als persönliches Bedürfnis und Anspruch „artikuliert". Die Trotzphase (ab Monat 12) ist eine wichtige und dem Kleinkind nützliche Phase. Es lernt, sich auseinanderzusetzen und lotet seinen Handlungsspielraum aus. Das Kind erkennt seine Eigenwirksamkeit und sammelt Erfahrungen im Umgang mit anderen Menschen und mit Grenzen, die ihm gesetzt werden. Die „klassische Trotzphase" findet meistens im 3. Lebensjahr statt.

### Geeignetes Erzieherverhalten

- Die Trotzreaktionen nicht als Ungehorsam einordnen (s. auch Kap. 9).
- Temperamentsunterschiede akzeptieren.
- Ruhig bleiben und Grenzen setzen (wenige, aber klare Grenzen!).
- Geduldig sein und die absolut unumgänglichen Einschränkungen konsequent verfolgen und einsichtig machen.
- Dem Kind die Hand reichen, damit es bei Trotzanfällen wieder zu sich findet.
- Es fest in den Arm nehmen und ihm helfen, sich zu beruhigen und zu spüren, dass man auch nach heftigen Auseinandersetzungen zu ihm steht.

> **LiteraturTIPP**
> zur sog. **Festhalte-Methode**: Jirina Prekop: Getragen vom Fluss der Liebe

## 10.3 Gruppenfähigkeit

Ein Säugling ist selbstverständlich noch nicht „gruppenfähig" im Sinne aktiver Teilnahme am Gruppenleben, d. h. sich für andere zu interessieren und sich seinen Platz in der Gruppe zu suchen. (Beobachtungen und Untersuchungen haben jedoch gezeigt, dass auch sehr junge Kinder bereits an anderen Kindern interessiert sind, selbst wenn sie noch nicht direkten Kontakt aufnehmen können.)
Dennoch kann ein Säugling Mitglied einer Gruppe sein und am Gruppenleben beteiligt werden.
Wird ein guter Ausgleich von Ruhe und dem Angebot, „dabei zu sein" geschaffen, profitiert der Säugling vom „geschäftigen Treiben" in der Gruppe.

| Entwicklungsphasen | Begleitendes Verhalten der Betreuungspersonen |
|---|---|
| **Phase 1**<br>Der Sozialwissenschaftler Hans Ruppelt stellte in seinen Untersuchungen fest, dass 3 Monate alte Babys durch Blicke Kontakt zu Gleichaltrigen knüpfen. | Säuglinge in der Babywippe an interessanten Standorten (in der Nähe von Betreuerinnen) platzieren.<br>Altere Kinder zur Teilnahme an der Pflege, am Füttern, zum Spiel mit dem Baby animieren. |

| Entwicklungsphasen | Begleitendes Verhalten der Betreuungspersonen |
|---|---|
| **Phase 2**<br>Später versuchen sie, nach diesen zu greifen, sich ihnen zuzuwenden oder sich in ihre Richtung zu bewegen. Durch Laute, Mimik und Lächeln nehmen sie Kontakt auf. Gegen Ende des 1. Lebensjahrs versuchen sie, Spielzeug auszutauschen, indem sie es ergreifen oder dem anderen anbieten. | Gruppenmitgliedern Einsicht in spezielle Verhaltensweisen mit und von Babys vermitteln.<br>Gruppenmitglieder teilhaben lassen, wenn das Baby sich nicht wohlfühlt, zu kindgemäßer Rücksichtnahme anhalten.<br>Ältere Kinder (bereits im Kindergartenalter!) lieben es, ein Baby oder Kleinkind zu „bemuttern". |
| **Phase 3**<br>2-Jährige zeigen bereits Ansätze von Gruppenfähigkeit. Sie erkunden neugierig ihre räumliche und personale Umwelt. Die Aktionen anderer Kinder locken sie an und sie suchen Nähe zum anderen. Es kommt jedoch noch keinerlei bewusste Kooperation zustande. Das soziale Verhalten stellt sich als ein **Nebeneinander** dar. Reibereien und Konflikte, besonders im Hinblick auf Raumnutzung und Eigentum, sind unumgänglich. Auch Auseinandersetzungen sind noch nicht von Fairness, Respekt oder Regeln gekennzeichnet. Beißen, Schlagen, Kratzen werden ohne Schuldbewusstsein eingesetzt, da sie den besten „Erfolg" versprechen. | Räume so gestalten, dass Rückzug, Alleinspiel, Kleingruppenspiel und Aktivitäten im großen Kreis möglich sind.<br>Spiele in Kleingruppen initiieren und mit den Kindern gemeinsam spielen (Rückzug, wenn Erwachsener überflüssig wird).<br>Geglücktes Miteinander lobend hervorheben. |
| **Phase 4**<br>Ein 3-jähriges Kind zeigt noch keine eindeutige Gruppenfähigkeit im Sinne bewussten Zugehörigkeitsgefühls, Beachten von Gruppenregeln oder Rücksichtnahme aus Gruppensolidarität. Dieser Prozess dauert mindestens bis zum Ende der Kindergartenzeit und vervollkommnet sich in der Grundschulzeit. | Gruppenspiele, bei denen alle Kinder das Gleiche tun, passen in diese Altersgruppe. Dabei machen die Kinder gern mit. Sie handeln noch nicht profiliert individuell.. Sie finden ihre Sicherheit im „Schatten der Gruppe" und sind zurückhaltend, wenn sie aus der Gruppe heraustreten sollen. Dazu brauchen sie die Hilfe der Betreuerin, die „sie an die Hand nimmt" und parallel mit ihnen Spielhandlungen ausführt. Erst nach mehrfacher Wiederholung trauen sie sich vielleicht, eigenständig zu agieren. |

### Empathisches Verhalten

| Entwicklung | Begleitendes Verhalten der Betreuungspersonen |
|---|---|
| Ein Baby kann sich noch nicht in andere Menschen hineinversetzen. Diese Fähigkeit entwickelt sich erst im 2. Lebensjahr. Erst dann kann man kleine Kinder beobachten, die das Weinen oder das traurige Gesicht eines anderen Kindes wahrnehmen und versuchen, es zu trösten. Mitgefühl zu zeigen, beruht auf einer biologisch gegebenen Fähigkeit, sich die wahrnehmbaren Gefühle anderer zu eigen zu machen und nachzuvollziehen. Schon im Alter von 18 Monaten wirken auf das Kind expressiv vorgetragene Geschichten ein und es fühlt mit den Figuren mit. Diese Fähigkeit entwickelt sich umso besser, je mehr das Kind selbst Mitgefühl für seine Empfindungen erfährt.<br>Eine Einteilung in Phasen eignet sich für die Entwicklung des empathischen Verhaltens nicht. | Dem Säugling und Kleinkind liebevolles Mitgefühl entgegenbringen.<br>Positive und unangenehme Gefühle ernst nehmen und sie mit dem Kind teilen.<br>Auf Gefühlsregungen anderer Kinder aufmerksam machen und tröstende und sonstige mitfühlende Verhaltensweisen vorleben.<br>Rollenspiele oder Figurenspiele, die zum Mitfühlen und Hineinversetzen auffordern, initiieren.<br>Geschichten zum Mitfühlen erzählen.<br><br>Von eigenen Erlebnissen und Empfindungen erzählen (z. B. einen kleinen Vogel „gerettet", der „vor Angst gezittert" hat). |
| Kleine Kinder lieben Rollenspiele, auch das Mitspiel des Erwachsenen. Dennoch sollte der Erwachsene nicht zu viel Dramatik in sein Rollenspiel bringen, denn das junge Kind ist noch vollends in die Empfindungen der Erwachsenen eingebunden und kann sich noch nicht autonom distanzieren. | Spielorte schaffen, die zum Rollenspiel einladen, Requisiten zur Verfügung stellen, Verkleidungsmöglichkeiten anbieten.<br>Spiellieder, Bewegungsspiele zusammen mit den Kleinkindern spielen.<br>Den Kindern Zeit zur Beobachtung geben, sie nicht zum Mitmachen drängen.<br>Spielfiguren bereithalten (Stofftiere, Kasperlefiguren, Puppen mit Zubehör), die im Spiel ihre Gefühle artikulieren. |

# 11 MIT BEWEGUNG UND MUSIK LERNEN DIE JÜNGSTEN SICH UND IHREN KÖRPER KENNEN

Mit den sich entwickelnden Bewegungskompetenzen wächst auch die geistige Entwicklung. Von Geburt an wird der Erfahrungshorizont durch Bewegung und ganzheitliches Sinneserleben erweitert. Rhythmische Bewegungen, Sprechgesänge, Fingerspiele und Spiellieder faszinieren schon den Säugling und fordern seine Aufmerksamkeit heraus.

Ein Baby wird ruhiger bei leisen Gesängen, rudert bei lebhafter Musik und Tanzbewegungen mit den Armen und wiegt seinen Körper, ohne den „Inhalt" zu verstehen. Schon ein Säugling ist begeistert, wenn er auf dem Arm eines Erwachsenen Tanzbewegungen, Drehungen und rhythmische Bewegungen erlebt.

Sobald das Kleinkind auf eigenen Beinen stehen kann, beginnt es, sich zu rhythmischen Klängen zu bewegen und scheint mit der Musik im Einklang zu sein. Im Folgenden wird die Entwicklung von Grob- und Feinmotorik skizziert. Parallel werden einige Tipps zur praktischen Begleitung gegeben, die jede sozialpädagogische Fachkraft individuell auf das Kind und ihre eigenen Möglichkeit variieren und modifizieren kann.

> **MERKE** Im frühkindlichen Alter gibt es keine lediglich auf die Grobmotorik oder Feinmotorik bezogene Förderung. Nur ein ganzheitlicher Ansatz, der alle Sinne, Bewegung, Herz und Verstand sowie freudiges Tun einbezieht, hat Aussicht auf Erfolg. Begriffe wie Training und Üben (um etwas zielgerecht besser zu machen) haben in der frühkindlichen Bewegungserziehung keinen Platz.
>
> Bewegung und Einsatz aller Sinne spielen eine zentrale Rolle bei der Entwicklung weiterer Kompetenzen. Sprache, Kommunikation, sozio-emotionale Entwicklung und alltägliche Kompetenzen werden am besten im bewegungs- und sinnesorientierten Handeln gefördert.

## 11.1 Grobmotorik

| Entwicklungsphase | Praktische Umsetzung in Entwicklungsimpulse |
|---|---|
| **Vor der Geburt**:<br>Erste Bewegungen in der 8. Schwangerschaftswoche (in schwerelosem Zustand).<br>Bis zur 14. Schwangerschaftswoche sind alle Bewegungsmuster vorhanden.<br>Ab der 16. Schwangerschaftswoche spürt die Mutter die Kindsbewegungen. | Die Mutter unterstützt ihren Embryo durch gesunde Lebensführung, das Vermeiden von heftigen Stößen und ihre freudige Erwartung und harmonische Grundstimmung.<br>Das Baby schwimmt im Fruchtwasser und ist rhythmischen, sanften Bewegungen ausgesetzt. |
| **0 – 3 Monate**<br>Das Baby lernt, den Kopf aufrecht zu halten.<br>Mit etwa 3 Monaten kann es, auf die Arme gestützt, den Kopf allein aufrecht halten.<br>Der Säugling wird gerne getragen, ausgewogene Lagerung in Bauch- und Rückenlage.<br>Er strampelt und bewegt sich gern im Wasser. | Das Baby in behaglichem Körperkontakt halten, seinen Kopf im Nacken stützen.<br>Auf der Krabbeldecke liegend, Blick auf Bewegliches (z. B. ein Mobile).<br>Auf dem Bauch des Erwachsenen liegend, ruhend und im innigen Dialog.<br>Beim Tragen auch den Blick nach vorne richten lassen (vor dem Bauch tragen), auf dem Wickeltisch strampeln lassen.<br>Durch Wiegen lässt es sich beruhigen.<br>Wasserspiele in Badewanne und Babyschwimmbecken. |
| **4 – 9 Monate**<br>In einer Babywippe kann der Säugling in halb aufrechter Haltung seine Umwelt beobachten, sich relativ frei bewegen, strampeln oder mit den Händen spielen.<br>Die Bemühungen, sich fortzubewegen, wachsen.<br>Es gelingt das eigenständige Drehen von der Bauch- in die Rückenlage, danach beginnt das Robben, Kriechen, Krabbeln.<br>Es wird nach Spielzeugen gegriffen.<br>Das Baby richtet sich zum Sitzen auf. | Fortsetzung von bewegungsfreudigen Sinneserlebnissen, im Badewasser ausgiebig plantschen lassen (natürlich immer in Anwesenheit der Betreuungsperson!).<br>Spiele mit Schaum und Wasser, Raum zur Bewegung geben, Krabbeldecke, Spielzeuge in Greifweite.<br>Nicht zu frühzeitig das Sitzen herausfordern, aber – im Rücken abgestützt – auch einmal in Sitzhaltung bringen.<br>Das Baby liebt es, von Erwachsenen „bewegt“ zu werden: hoch über den Kopf halten, in stehende Haltung gestützt, auf dem Schoß auch kräftig geschaukelt, als „Flieger“ durch die Luft sausen, auf dem Arm mit ihm zu tanzen bei Musik und eigenem Gesang. |

| Entwicklungsphase | Praktische Umsetzung in Entwicklungsimpulse |
|---|---|
| **10 – 18 Monate**<br>Das Baby richtet sich zum Stehen auf, es sucht Stühle, Sofas, Tischbeine, auch Erwachsenenbeine als Stütze.<br>Es bewegt sich an Möbeln entlang und läuft mit Unterstützung.<br>Bis **zum 18. Lebensmonat** können die meisten Kleinkinder eigenständig laufen.<br>Das Baby fällt, wenn die Kraft versagt, meist sanft auf den eigenen Po. | Dem kleinen Kind die Hand reichen, es kurze Wege machen lassen (5-10 Schritte), an die Beine des Erwachsenen gelehnt mit Blick in Laufrichtung, an beiden Händen führen (fühlt sich wie alleine laufen an!).<br>Laufhilfen anbieten, z. B stabilen Wagen schieben (bietet Halt und Bewegung!).<br>Die Betreuungsperson ist immer in Reichweite und kann plötzliche Stürze auffangen. |
| **19 – 28 Monate**<br>Das Kleinkind gewinnt zunehmend Sicherheit im Laufen.<br>Es kann Hindernissen ausweichen, es beginnt zu klettern.<br>Sein Gang wird harmonischer.<br>Es experimentiert mit weiteren Bewegungsformen wie Hüpfen, Springen, Rennen.<br>Es versucht, sich in und mit Fahrzeugen fortzubewegen. | Ab sofort jede Gelegenheit nutzen, das Kind selbst laufen zu lassen.<br>Kinderwagen für längere Strecken im Straßenverkehr, ansonsten eigenes Laufen anregen, Wagen schieben lassen, kleine Jage- und Fangspiele, Versteckspiele, Gegenstände tragen lassen.<br>Viel Zeit im Freien, auf Spielplätzen, im Plantschbecken ermöglichen.<br>Laufrad, Nachziehspielzeuge, Sandspielzeuge, „Arbeiten“ mit Schaufeln, Rechen und Bagger.<br>Zu Überwinden weiterer Strecken mit mehreren kleinen Kindern „große Kinderwagen (spezielle Krippenwagen mit 6-8 Plätzen) einsetzen.<br>Hier sollte ein Foto veranschaulichen. |

### Geeignetes Erzieherverhalten

- Dem Bewegungsdrang des Säuglings und Kleinkinds dem Alter entsprechend Raum geben.
- Wohlige Raumatmosphäre schaffen, um (auch einmal unbekleidet) zu strampeln, zu krabbeln, zu plantschen und zu laufen.
- Bewegung sowohl im Freien als auch im Raum ermöglichen.
- Bewegungsmangel vermeiden (kleine Strecken allein zu Fuß gehen lassen, anstatt getragen oder im Pkw bzw. Kinderwagen befördert zu werden).
- Unnötiges Stillsitzen vermeiden. Besser auf dem Boden oder auf Matten als überwiegend auf Stühlen sitzen.

## 11.2 Feinmotorik

### Die Entwicklung des Greifens

| Entwicklungsphase | Praktische Umsetzung in Entwicklungsimpulse |
|---|---|
| **Im ersten Vierteljahr**<br>Das Baby lernt seine Hände kennen. Es „spielt" mit den Händen, saugt daran und betrachtet sie.<br>Es rudert mit den Armen, strampelt mit den Beinen, wenn es einen interessanten Gegenstand sieht, scheinbar, um ganzkörperlich nach ihm zu greifen.<br>Danach werden die **ersten Greifversuche mit beiden Händen** unternommen. Dies geschieht mit den Handinnenflächen, wobei sich alle Finger beugen. Der Gegenstand wird noch nicht konstant festgehalten, er kann unwillkürlich aus der Hand fallen. | Dem Baby die eigene Hand als Greifobjekt reichen. Zunächst umklammert das Baby einzelne Finger oder den Daumen.<br>Die Babyhand liebkosen.<br>Greifspielzeuge anreichen und die **zufälligen** Greiferfolge wohlwollend kommentieren.<br>Greifspielzeuge in Reichweite platzieren:<br>über der Liegedecke,<br>im Kinderwagen. |
| **Ab dem 6. Lebensmonat**<br>greift das Baby auch mit einer Hand zu. Dabei bezieht es den Daumen ein, alle Finger beugen sich mit. Nun kann es zwei Gegenstände gleichzeitig halten und von der einen in die andere Hand geben.<br>Das Spiel mit Gegenständen wird vielfältiger (z. B. aneinanderschlagen, auf eine Unterlage klopfen, ablegen, aufnehmen).<br>Das Greifen mit dem **Scherengriff** wird nun durchgeführt: Daumen und alle Finger umfassen den Gegenstand wie beim Schließen einer Schere. | Die Greiferfolge sind noch nicht konstant, anfangs wird ein Gegenstand auch einfach fallen gelassen.<br>Wieder in Reichweite bringen!<br><br>Ist das Festhalten konstanter, hantiert das Baby ausgiebig.<br>Es ist konzentriert über kurze Zeiträume mit sich beschäftigt, wechselt aber seine Tätigkeit nach einem inneren Antrieb, der nicht sachbezogen ist und von außen betrachtet einem Zufallsrhythmus folgt.<br>Aufmunternde Blicke, prozessbegleitende Kommentare,<br>Gegenstände wieder anreichen und dem Impuls des Säuglings folgen. |

| Entwicklungsphase | Praktische Umsetzung in Entwicklungsimpulse |
|---|---|
| Sehr kleine Gegenstände können so noch nicht ergriffen werden. Dazu muss sich erst der **Pinzettengriff** entwickeln. Dabei ergreift das etwa **9- bis 10-monatige Kleinkind** Gegenstände mit den Fingerkuppen von Daumen und Zeigefinger. | Greifgegenstände mit unterschiedlichem Schwierigkeitsgrad anbieten, also auch solche, die den Pinzettengriff erfordern (Achtung: Verschluckgefahr).<br>Gegenstände aus dem Alltag sind sehr interessant (Löffel, Schlüsselbund), aber auch solche, die evtl. für die Kleinkinderhand noch ungeeignet sind. |
| **Im 2. Lebensjahr**<br>Das Kleinkind kann jetzt Gegenstände festhalten, damit hantieren, von einer Hand in die andere geben, sie bewusst fallen lassen und wieder aufheben.<br>Es kann Löffel (Besteck) in die Hand nehmen und zum Mund führen. Meist verwendet es noch den Faustgriff.<br><br>Wenn das Kind später eigenständig läuft, kann es Gegenstände tragen, absetzen, aufnehmen, werfen (nicht nur fallen lassen) und schubsen.<br><br>Umgang mit weiteren Werkzeugen wie Pinsel, Schere, Klebestift beginnt. Beginn der Stiftführung. Mit der ganzen Faust werden immer im Kreis „Malknäuel" aufs Papier gebracht. Einen Stift zwischen Zeigefinger und Daumen halten, ist erst nach dem 3. Lebensjahr üblicherweise möglich. | Dem Kleinkind die Möglichkeit bieten, seine Fähigkeiten praktisch einzusetzen:<br><br>mit dem Löffel allein essen lassen und kleine Missgeschicke akzeptieren (diskrete Hilfe, um größere Missgeschicke zu vermeiden),<br><br>Trinkbecher allein benutzen lassen, kleine Aufträge aus dem Alltag wie Gegenstandtransport (Becher auf die Spüle stellen) erteilen.<br>Ziehspielzeug anbieten.<br>Altersgerechte Werkzeuge anbieten. Aktionsbetont mit dem Kind im intensiven Kontakt Materialien, Werkzeuge ausprobieren und die Aktivitätsfreude unterstützen. |

## 11.3 Basale Stimulation durch sinnliche Wahrnehmung des eigenen Körpers

Die Bezeichnung und das Konzept kommen aus der Heilpädagogik, entwickelt durch Prof. Andreas Fröhlich (1975). Ihm ging es darum, schwerstbehinderten Menschen einen sinnlichen Zugang zu ihrer Umgebung zu vermitteln. Durch Stimulation des Wahrnehmungsbereichs sollen sie trotz mangelnder Sprache und sinngebender Gestik ihren eigenen Körper erspüren.

Dabei wird das **taktile Empfinden** über die Haut als Mittler zur umgebenden Welt genutzt. Die Wahrnehmung soll an vorgeburtliche Empfindungen anknüpfen, um auf diese Weise Entwicklungen anzuregen. Es wird auch damit gearbeitet, den vestibulären Sinn (Gleichgewichtssinn) anzusprechen und die eigene Muskulatur durch Vibration bei leichter Massage spürbar zu machen. Es werden alle fünf Sinne angesprochen: Fühlen, Sehen, Hören, Schmecken, Riechen verbunden mit Bewegungsimpulsen.

Dieser Ansatz, praktisch umgesetzt, ist gut übertragbar auf psychomotorische Impulse im Säuglings- und Kleinkindalter.

### Möglichkeiten praktischer Umsetzung

- Singen und summen: unter einem Wasserbett einen starken Lautsprecher platzieren, unterschiedliche Musik im Raum abspielen, Klang- und Rhythmusinstrumente über/neben dem Körper spielen; wenn möglich, den Menschen selbst einen Schlägel benutzen oder die Vibration eines Instruments spüren lassen.
- Verschiedenfarbiges Licht gebende oder sich bewegende Beleuchtungskörper über dem Lager oder für den Menschen sichtbar im Raum platzieren.
- Mobiles und Wasserspiele im Raum
- Bällchenbett/-bad, Hängematten
- Massagen aller Art und Stärke mit verschiedenen Methoden, Ölen, Massagerollern, unterschiedlichen Materialien (Erde oder Pflanzen – bei Babys nicht geeignet).
- Stimulation durch wechselnde Lagerung, bezogen auf Säugling: mal in der Wippe, mal auf einer „Wassermatratze", an verschiedenen Stellen im Raum, die unterschiedliche Blickrichtungen ermöglichen, oder im Freien.
- Bewegung im Schwimm- und Sprudelbad mit unterschiedlichen Trage- und Spielgeräten.
- Nahrungsaufnahme als sinnliches Erlebnis reizvoll und angenehm gestalten.
- Im Tagesablauf einen Rhythmus verwenden, der sich erkennbar wiederholt.
- Tätigkeiten mit Sprache begleiten, auch durch Erzählen.

Übertragen auf Säuglinge und Kleinkinder handelt es sich dabei um Anregungen, die in den Pflege- und Betreuungsalltag integriert werden können. Pflege ist bei Kindern unter 3 immer erziehungsorientiertes Handeln.

Während der Pflegephasen herrscht ein besonders enger Kontakt. Auf dem Wickeltisch sind Betreuerin und Kind auf Augenhöhe von Angesicht zu Angesicht. Waschen, Cremen, Po reinigen sind sehr persönliche Körperkontakte, die zum Wohlbefinden beitragen und im „Dialog" Geborgenheit und Zuwendung bedeuten.

Auch dann, wenn das Kleinkind manche Pflegemaßnahmen nicht gerade gern mag; kann mit Zuspruch, Behutsamkeit und Ablenkung diese „Prozedur" erträglich gestaltet werden.

# 12 LEBENSPRAKTISCHE KOMPETENZEN FÖRDERN

Lebenspraktische Kompetenzen sind in erster Linie die Sorge um die eigene Person. Zunächst ist die eigene Person im Mittelpunkt, dann erweitert sich das Erfahrungsfeld auf weitere Personen und Räume außerhalb von Familie und Ku3-Einrichtung bis hin zu öffentlichen Institutionen, die in Begleitung mit Erwachsenen aufgesucht werden und das Erfahrungsfeld erweitern.

| Themenbereich | Vermittlungsmethoden |
|---|---|
| **Den eigenen Körper** kennenlernen durch Zeigen, Benennen, Wiedererkennen bei anderen. | Die eigenen Körperteile, Kopf, Nase, Mund, Ohr, Hände, Arme, Beine, sind die ersten Begriffe, die das kleine Kind in spielerischer Aktivität kennenlernt. |
| **Selbstständigkeit beim Essen** und Trinken, Tisch auf- und abdecken, Teewagen mit schieben, ungefährliche Geschirr-/ Besteckteile spülen in der kindgerechten Spüle. | Im unmittelbaren Kontakt mit der Babynahrung, den dazugehörigen Gegenständen (Flasche, Sauger , Löffel, Teller, Becher) werden die Begriffe und ihre Funktion „erfahren" und „begriffen". |
| **Nahrungszubereitung** Durch Zuschauen und partielles Mitmachen (Helfen) werden spielerisch Kompetenzen gefördert. | Schon ein 2-jähriges Kind z. B. kann (fast eigenständig) eine kleine Portion Quark (Joghurt), Milch und zerdrückte Banane (oder anderes Obstmus) mit einem Löffel in einem Becher zu einem Obstquarkbrei verrühren. Mit einem Vers, „Rühre, rühre, eins, zwei, drei – fertig ist der Bananen(Apfel)brei", erschafft das Kleinkind im freudigen Prozess ein die primären Bedürfnisse befriedigendes Ergebnis. |

| Themenbereich | Vermittlungsmethoden |
|---|---|
| **Kleidung an- und ausziehen** | Die Kleidungsverschlüsse für Kleinkindkleidung sind oft bereits auf eigenständiges Ankleiden ausgerichtet. Einmal allein in das Unterhöschen einsteigen, hochziehen, Socken anziehen, das T-Shirt allein über den Kopf ziehen, die Kleidung zu „Päckchen" zusammenlegen. |
| **Körperpflege** | Selbstständiges Händewaschen oder aufgetupfte Gesichtscreme selbst zu verteilen, verschafft Erfolgserlebnisse. |
| **Gegenstände kennenlernen**<br>Telefon, Türschelle, Lichtschalter | Diese Gegenstände sind im täglichen Blick- und Erfahrungsfeld der Kinder. Damit verbundene alltägliche Handlungen allein (und mit Hilfe) ausführen zu können, ist im Interessenfokus jedes Kleinkinds. |
| **Das direkte Umfeld** | Alle Räumlichkeiten und das Freigelände einmal an der Hand (oder auf dem Arm) mit Erwachsenen und Kindern begehen und erkunden. Z. B. in Form einer „langen Schlange" oder „Tuff, tuff, tuff, die Eisenbahn, schaut sich mal die Kita an", „Alle aussteigen, in den Sandkasten steigen" und weiter: „Tuff, tuff, tuff". |
| **Das weitere Umfeld**<br>Spielplatz<br>Verkehr<br>Einkaufen | Die Kinderkrippe mit mehreren Kindern zu verlassen, ist ein aufwendiger Akt. Kinderwagen mit bis zu 6 Plätzen helfen, längere Strecken verkehrssicher zu überwinden und somit den Radius zu erweitern. Freilauf nur auf gesicherten (verkehrssicheren) Plätzen! |

# 13 SPIELEN UND ENTDECKEN

Spielen ist ein Grundbedürfnis des Menschen, Homo ludens, des spielenden Menschen. Spiel ist nie ziel- und zweckorientiert, sondern geschieht aus blanker Freude, „einfach so". Dennoch ist Spiel ein engagierter Prozess, bei dem der ganze Mensch innerlich und äußerlich beteiligt ist, der intensive Emotionen, Kraft und manchmal sogar Anstrengung bedeutet. Spiel ist nicht altersgebunden. Im Kindesalter nimmt das Spiel als zweckfreie Tätigkeit allerdings einen großen Raum ein. Mit zunehmendem Alter (bereits bei Eintritt in die Grundschule) kommt zweckgerichtetes Tun hinzu. Nicht umsonst sagt man von einem Erwachsenen, der tief versunken in eine Tätigkeit, ein Hobby vertieft ist, „er kann noch spielen wie ein Kind".

Das Baby spielt von Anfang an:

- indem es unwillkürlich den Finger von Mama oder Papa umklammert.
- indem es beim Saugen auch, wenn es bereits satt ist, weiter an der Mutterbrust nuckelt.
- Sobald es Greifen kann, versucht es, Gegenstände zu halten, zu betasten, mit dem Mund taktil zu erforschen und noch später damit zu hantieren (s. Kap. 11.2 Entwicklung der Feinmotorik).

Zum Spielen ist es nicht unbedingt notwendig, Spielgegenstände zu benutzen. Ein Kind kann auch „mit sich" spielen, zunächst im Allein-Spiel, dann im Nebeneinander und mit zunehmender sozialer Entwicklung im gemeinsamen Spiel mit mehreren (s. Kap. 10 sozio-emotionale Entwicklung und im Folgenden).

**TIPP**

Gute fachliche Tipps zur Ausstattung mit Spielmaterialien und deren pädagogische Beurteilung sind in Broschüren des verbraucherorientierten Verbands „spiel gut. e. V." zu finden. Ebenfalls geht von dort die Erteilung eines Gütesiegels „**spiel gut**" aus. www.spielgut.de

Um eine Grundausstattung zusammenzustellen, ist die Sichtung einschlägiger Kataloge und der Besuch von Fachmessen unverzichtbar. Die riesige Auswahl macht die Entscheidung schwer.

> **MERKE** Spielmaterialien sollen vielfältig sein und zu unterschiedlichen Aktionen animieren.
>
> Das Sortiment sollte von Zeit zu Zeit verändert, ergänzt oder reduziert werden. Es sollte ein vielfältiges Angebot bestehen, damit unterschiedliche Fertigkeiten entwickelt werden können. Vielfalt ist auch im Hinblick auf Farbe, Form, Größe, Tastbeschaffenheit und Geräuscherzeugung geboten.
>
> Spielzeug sollte Aufforderungscharakter haben.
>
> Es ist unbedingt auf Gütesiegel und Sicherheitszertifikate zu achten.
>
> Das Material sollte wertbeständig und leicht zu reinigen sein.

## 13.1 Spielgegenstände für Kinder unter 3 und praktische Spielanregungen

| Entwicklungsstufe | Verhalten des Kleinkinds | Praktische Umsetzung |
|---|---|---|
| **Orales Erkunden** mit dem Mund, von Anfang an | Alles, was das Baby ertastet, wird an den Mund geführt. Z. B. die eigene Hand, der Finger des Erwachsenen usw. Sein Erkundungsorgan ist der Mund, mit dem alles Erreichbare ertastet wird. | Beim Stillen erfährt das Baby seine höchste Bedürfnisbefriedigung, es „arbeitet" mit dem Mund und wird gesättigt. Das Baby verharrt gerne an der Brust, auch wenn es bereits gesättigt ist. Im weitesten Sinne „spielt" es. Erste Blickpunkte schaffen: Mobile über dem Bett, Babywippensitzplatz, Spiel- und Liegedecke auf dem Boden, Wickeltisch. |
| **Manuelles (mit der Hand) Erkunden** ab dem 4. Lebensmonat<br><br>Parallel dazu erkundet der Säugling Gegenstände **visuell**, nimmt sie „ins Visier" und versucht, sie zu ergreifen. | Sobald das Kind Gegenstände ergreifen kann, nimmt es sie in den Mund und erkundet sie mit Lippen und Zunge. Dieses „Alles-in-den-Mund-Stecken" wird nach dem 18. Lebensmonat seltener. | Spielgegenstände anreichen, z. B, Rasseln, Beißringe, anschmiegsame Kuscheltiere.<br>Die Gegenstände dürfen nicht zu klein sein (Verschluckgefahr) und sollten eine gute Greiffläche bieten. Unterschiedliche Materialien, deren Material ungiftig ist (Sicherheitsplakette |

| Entwicklungsstufe | Verhalten des Kleinkinds | Praktische Umsetzung |
|---|---|---|
| | | beachten), materialbeständige, leicht zu reinigende Spielgegenstände.<br>Die kleine Kinderhand braucht zum Ergreifen „große" Gegenstände, die es mit der ganzen Hand umfassen oder mit beiden Händen halten kann. |
| **Das Erzeugen von Geräuschen** zur Materialerkundung und Ausdruck des Explorationsdrangs. | Gegenstände werden gegeneinandergeschlagen, auf eine Unterlage geklopft, auf dem Tisch hin und her bewegt, auf den Boden geworfen. Dies geschieht erst, wenn das Greifen schon sicherer geworden ist. Das Kleinkind beschäftigt sich im hantierenden Umgang auch allein mit dem Material. | Beliebtes Spiel: zu Boden geworfene Spielgegenstände aufheben, anreichen und das unendlich oft. Hinter dem Rücken verbergen und wieder auftauchen lassen („weg – da ist es wieder!"). |
| **Das Zuschauen** bei Aktivitäten anderer, dem Spiel größerer Kinder fasziniert. Das Miterleben wird als Ersatz für eigene Aktivität als Spiel und Erlebnis empfunden, ersetzt aber natürlich nicht die eigene Aktivität.<br>**Anschauen** von Aquarien, bewegter Natur (Baum im Wind), Blätterfall. | Dies „interessiert" das Baby nur, wenn es unmittelbar Kontakt hat, sonst eher als „Zuschauspiel" für Kinder ab dem 2. Lebensjahr. | Darauf achten, dass das Kleinkind einen zum Beobachten geeigneten Platz hat.<br>Gezielt platzieren und miteinander anschauen. |

| Entwicklungsstufe | Verhalten des Kleinkinds | Praktische Umsetzung |
|---|---|---|
| **Der Kontakt** über das Spielzeug zum **Mitspieler** wird wichtiger ab Beginn des 2. Lebensjahrs und wachsender Mobilität | Es wird auf Spielgegenstände gezeigt: „Da, da", Gesten zum Anreichen werden ausgeführt. Erste Äußerungen wie „will haben", „will nicht abgeben", „ist meins"! | Den kommunikativen Ansatz aufgreifen, „beantworten", spielerisch weiterführen, wie oben „Versteck- Suchspiele", Anreichen mit verbaler Begleitung (bitte, danke). |
| **Ab Mitte des 2. Lebensjahrs miteinander oder allein spielen:** Passende Spielgegenstände: Decken, Matten, Tücher, Teppiche zum Liegen, Krabbeln, Sitzen, Nachziehtiere, Laufräder, Bälle, Klang erzeugende Spielgegenstände, Steckspiele, Bauklötze Wachsmalstifte, Knetmasse Schwämme, dicke Pinsel, Fingerfarbe zum großflächigen Farb- und Materialerleben Laufräder, Bälle, Luftballons, Klettergeräte | Sachgerechter Umgang mit Spielfiguren (tragen, hinlegen, füttern), mit Bau- und Konstruktionsmaterial erste Bauversuche (auftürmen), Schlange legen, wühlen, werfen.<br><br>Malversuche mit Stiften und zur großflächigen Farbverteilung. | Kleine Spiel-Gruppierungen anregen. Zu zweit gelingt es anfangs am besten. Dreier- bis Vierergruppen können je nach Spielart bereits zu sozialen Spielkontakten führen.<br><br>Gerade Malen und Basteln im Sinne von freien erkundenden Prozessen kann gut in einer Kleingruppe am Tisch oder anderen geeigneten Aktionsflächen durchgeführt werden (s. Literaturtipp nach dieser Tabelle). Die Kinder auf die Aktivitäten anderer aufmerksam machen, jedoch nicht willkürlich den Schaffensprozess stören. |
| **Rollenspiele** für sich allein und mit anderen. Wie oben und Spiel in Funktionsbereichen mit anregenden Materialien ausgestattet: Familienspiel mit Einrichtungsgegenständen | **Säuglinge** können an Rollenspielen noch nicht aktiv teilnehmen, sind jedoch interessierte Beobachter. **Kleinkinder** beginnen mit dem Rollenspiel, sie spielen gern auch mit | Rollenspielansätze: Puppe streicheln, trösten, „Weh, weh (aua)" wegpusten, zum Schlafen legen, Po sauber machen, Alltagssituationen des Kleinkinds spielerisch umsetzen, Kleinkind ins |

| Entwicklungsstufe | Verhalten des Kleinkinds | Praktische Umsetzung |
|---|---|---|
| aus dem Haushalt: Tisch, Bett, Stuhl, Küche<br>Friseursalon, Kamm Bürste, Pflegeutensilien<br>Büro, Telefon, PC-Tastatur, Schreibgerät<br>Einkaufsladen-Warensortiment<br>Spielfiguren zum Rollenspiel, Kuscheln | dem Erwachsenen, der eine Balance zwischen Mitspieler und behutsamen Regieanweisungen finden muss. | Spiel hineinholen und Spielwünsche befriedigen.<br>Die Grenzen sind hier, wie bei jedem Entwicklungsprozess, fließend. Mehrere soziale Spielformen existieren nebeneinander. |
| **Material zur Naturbegegnung und Anbahnung von Sachkenntnissen**<br>Spielen in der Natur und mit den Elementen (Wasser, Erde, Luft (Feuer fällt wegen der Gefährlichkeit in dieser Altersstufe aus!).<br><br>Lebewesen sind keine Spielzeuge, ein frühzeitiger behutsamer Umgang fördert jedoch die Freude an der Naturbegegnung.<br><br>Wasser- und Materialspiele (Sand, Matsch), Schaum | **Säuglinge** erfreuen sich auch an Naturgeschehnissen.<br>**Für Kleinkinder:** zum Anschauen: Aquarien, Pflanzen, Tiere in der unmittelbaren Umgebung, gelegentlich kleine Handreichungen bei deren Pflege im Innen- und Außenbereich sowie Bücher mit einschlägigen Abbildungen zum Zeigen und Wiedererkennen.<br><br>Darunter fallen alle Naturmaterialien (Kastanien, kleine Stöckchen), Sand, Wasser und Wasserspielzeuge. Am Sand- und Matschtisch, auch im Innenbereich, können großzügig mit ungeformtem Material elementare Erfahrungen gesammelt werden. | Blätter hochwirbeln lassen, mit dem Baby auf dem Arm an kitzelnden Grashalmen vorbeistreifen.<br>Beim Aufenthalt im Freien sollten Naturmaterialien bewusst in den Aufmerksamkeitsbereich der Jüngsten gerückt werden.<br><br>Ein „Bad im herbstlichen Blätterberg", Hüpfen mit wasserdichter Kleidung in kleinen Pfützen, Wasserspiele im Nassbereich fördern Körper- und Sinneswahrnehmung. |

**LiteraturTIPP**

Akkela Dienstbier: Krippenkinder, Kunst und Kompetenzen – Kreatives Gestalten in der Frühpädagogik

# AUF DIE GESUNDHEIT ACHTEN

14

Kinder im Kleinkindalter zeigen oftmals plötzliche Krankheitsanzeichen, die nicht unbedingt auf eine ernste Erkrankung hinweisen.

Die KrippenerzieherIn sollte Symptome von Kinderkrankheiten deuten können und evtl. Wissenslücken durch Fortbildung und Eigenstudium ausgleichen. Krankheitssymptome sind eine Ausdrucksform des Säuglings, sie sind ein Ruf nach Hilfe.

**Erste Hilfe** am Kind gehört zu den Grundkenntnissen, die durch entsprechende Kurse erlernt werden können.

Auch wenn die Eltern die Verantwortung für die gesundheitliche Versorgung ihrer Kinder tragen, ist es wichtig, dass die pädagogische Fachkraft Kenntnis von der kostenfreien gesundheitlichen Vorsorge und von Kinderkrankheiten hat. Eltern sind bei notwendigen Arztbesuchen immer einzubeziehen und bei Notfällen umgehend zu benachrichtigen.

### Untersuchung, Zeitraum, Art der Untersuchung

| Untersuchung, Zeitraum | Art der Untersuchung |
|---|---|
| U1 nach der Geburt | Neugeborenen-Erstuntersuchung |
| U2 3. bis 10. Lebenstag | Erste kinderärztliche Grunduntersuchung |
| U3 4. bis 5. Lebenswoche | Kinderarztpraxis – wichtiger Grundstein zur vertrauensvollen Beziehung von Arzt und Familie |
| U4 3. bis 4. Lebensmonat | Erster Impftermin beim Kinderarzt |
| U5 6. bis 7. Lebensmonat | Besonderes Augenmerk auf Bewegungsabläufe |
| U6 10. bis 12. Lebensmonat | Beginn des Kleinkindalters |
| U7 21. bis 24. Lebensmonat | Das Kleinkindalter |

| Untersuchung, Zeitraum | Art der Untersuchung |
|---|---|
| U7a 34. bis 36. Lebensmonat | Vor dem Eintritt in den Kindergarten |
| U8 46. bis 48. Lebensmonat | Älteres Kindergartenkind |
| U9 60. bis 64. Lebensmonat | Vor dem Eintritt in die Grundschule |

**LiteraturTIPP**

www.kindergesundheit-info.de (Seite der BzgA Bundeszentrale für gesundheitliche Aufklärung)

Broschüre: Erste Hilfe am Kind, erhältlich bei: Johanniter-Unfalll-Hilfe e.V. Bundesgeschäftsstelle, Lützowstraße 94, 10785 Berlin

Buch: KurzCHECK Unfällen im Kindesalter vorbeugen

**Zusammenfassung**

Gesundes Leben aktiv-spielerisch in den Alltag integrieren

- Gesunde Frischkost mit Zeit und Ruhe genießen.
- Schlafen und Ruhe sind erholsamer Rückzug, niemals Zwang, sondern individueller Ausdruck des körperlichen Empfindens.
- Regelmäßige Körperpflege wohltuend erleben und nach und nach aktiv selbst durchführen.
- Funktions- und witterungsgerechte Kleidung, die Explorationsdrang und spielerische Aktivität nicht einengt.
- Bewegtes und entdeckendes Spiel im Freien mit allen Sinnen unabhängig von der Witterungslage als tägliche Selbstverständlichkeit erleben.
- Ungestört, angeregt und bewegt in kindgemäß-sicheren Räumen spielen.
- Regelmäßige kinderärztliche Begleitung und verantwortungsbewusster Einsatz von Medikamenten.
- Krankheit nicht als Katastrophe, sondern als Signal für achtsamen Umgang mit dem eigenen Körper auffassen.
- Ausgebildete Ersthelfer und schnellen Kontakt zu ärztlicher Notversorgung gewährleisten.

# QUALITÄT SICHERN – PROFIL ZEIGEN

15

Qualitätsmanagement ist die konzeptionelle Erarbeitung von Zielen und Handlungsweisen. Ein gemeinsam erarbeitetes Handlungskonzept trägt dazu bei, dass die Beteiligten sich mit den Inhalten identifizieren und eher bereit sind, die Leitlinien praktisch-pädagogisch umzusetzen.

Eine schriftliche Fassung des erarbeiteten Konzepts unterstützt die Transparenz im Team und bei der Elternschaft. Auch kleine Betreuungseinrichtungen oder eine Tagesmutter/ein Tagesvater sollten pädagogische Leitlinien in schriftlicher Form präsentieren.

Eine Broschüre, die mit Beispielen aus dem praktischen Betreuungsalltag das Handlungskonzept veranschaulicht, gibt Aufschluss über die pädagogischen Schwerpunkte der Einrichtung.

### Vorschlag zur praktischen Umsetzung

Im **Stichwort-ABC** werden Profilmerkmale relativ „zufälliger Auswahl" kurz ausgeführt. Es dient als Anregung zur Vervollständigung und Konkretisierung und Anwendung im eigenen Praxisfeld und repräsentiert pädagogische Leitlinien.

**Angehörige:** Sie sind Helfer der Familie und werden als erweiterter Kreis der Erziehungspartner gesehen. Für die Einrichtung ist es wichtig zu wissen, welche Befugnisse sie haben (z. B. dürfen sie das Kind abholen, Informationen zur Weitergabe entgegennehmen?). Die Erziehungsberechtigten informieren rechtzeitig darüber.
**Bindung:** Aufgrund der Basisbedeutung der sicheren Bindung ist es ein vorrangiges Ziel der Einrichtung, Kinder und Eltern fachkundig zu begleiten.
**Beratung:** Auf Nachfrage sind die pädagogischen Fachkräfte gerne bereit, zu beraten und den Kontakt zu weiteren Beratungsstellen herzustellen.
**Chancengleichheit:** Die Betreuungseinrichtung ist offen für Kinder jeder Herkunft und Familie. Jedes Kind erhält die gleiche Wertschätzung und individuelle Förderung.
**Dokumentation:** Alle Kinder werden auf fachkundige Weise in ihrer Entwicklung beobachtet. Die Erkenntnisse werden dokumentiert und regelmäßig mit den Eltern besprochen.

**Eingewöhnung:** Hier liegt der Schlüssel zu einem weiter gelingenden Beziehungsaufbau. Die in der sozialpädagogischen Praxis erprobten Handlungsmodelle bauen auf die Mitarbeit der Eltern und werden verbindlich in der Praxis umgesetzt.
**Fördern:** Förderung erfahren heißt für Kinder unter 3, in warmherziger, anregungsreicher Atmosphäre einen altersgerechten Alltag zu verbringen. Bereits die pädagogisch begleitete Anwesenheit in einer Kleinkindgruppe bahnt Gemeinschaftsempfinden an und fördert den Erwerb von Kompetenzen.
**Gemeinschaft:** Sie besteht aus allen in der Ku3-Einrichtung tätigen Personen, Erwachsenen und Kindern. Jeder, unabhängig von seiner Ausbildung und seinem Einsatz, trägt dazu bei, den Kindern eine vertrauensvolle Ergänzung zur Familie zu vermitteln.
**Hausbesuch:** Eine auf gute Zusammenarbeit ausgerichtete Betreuungseinrichtung bietet einen Besuch im Zuhause des Kleinkinds an. (Für jedes Kind. Die Eltern sind die Einladenden, sodass terminlich langfristig geplant werden kann.)
**Integration – Inklusion:** gehören in den Betreuungsalltag und können nach Schaffen entsprechender struktureller Bedingungen auf Anfrage und Absprache mit dem Träger zum Wohle der Jüngsten praktiziert werden.
**Jungen und Mädchen:** Eine rollenspezifische Erziehung wird vermieden. Jungen und Mädchen werden auf gleiche Art und Weise in alle Spielformen und Tätigkeiten einbezogen.
**Körperliche Erziehung**: Auf regelmäßige Bewegung, insbesondere auch im Freien, beim Spiel und mit kindgemäßen, bewegungsfördernden Hilfsmitteln wird besonderer Wert gelegt.
**Liebesentzug:** Das ist ein Tabu in der Erziehung für Kinder. Auch bei offensichtlicher Verletzung von Regeln muss das Kind wissen, dass es nicht ausgeschlossen wird und ihm ein Weg zum Wiedergutmachen offengehalten wird.
**Methodenvielfalt:** Die Kinder sollen von Anfang an Freude am Entdecken und damit am Lernen haben. Das gelingt am besten mit fantasievollen Methoden, die alle Sinne und die Bewegungsfreude der Kleinkinder einbeziehen.
**Nahrung:** Eine gesunde, vitaminreiche Frischkost ist das Ernährungsleitziel. Die Speisenzubereitung vor Ort ist der beste Weg, Achtung vor Lebensmitteln, schmackhafte Frische und unmittelbares Erleben dieser „Kulturtechnik“ von Anfang an mitzuerleben! Gesunde Ernährung ist die Basis für Gesundheit und Prävention gegen Volkskrankheiten wie Übergewicht und Diabetes.
**Offenheit:** basiert auf gegenseitigem Respekt und Vertrauen und sollte Ziel der Beteiligten sein.
**Pädagogische Tage:** Sie dienen der gemeinsamen Erarbeitung von Themen, Planung und Vorbereitung von Aktionen. Die Mitgestaltung durch Eltern und Angehörige ist ausdrücklich erwünscht.
**Qualität der pädagogischen Arbeit:** Sie wird durch regelmäßige pädagogische Konferenzen und permanenten Austausch gefestigt. Weiter- und Fortbildung sichern die Aktualisierung der Fachkenntnisse.
**Regeln:** Sie dienen der Regulierung des Zusammenwirkens. Es besteht Verbindlichkeit, aber auch Bereitschaft, den Sinn zu hinterfragen.

**Sauberkeitserziehung:** Hierzu gibt es unterschiedliche Auffassungen. Den fachlich fundierten Erkenntnissen, dass „Gewährenlassen" und dem körperlichen Reifungsprozess Zeit zu geben, der beste Weg ist, wird Rechnung getragen.
**Tagesablauf:** Er gibt Struktur und ist Orientierungsrahmen. Kurzfristige Abweichungen sind möglich, wenn aktuell interessante Ereignisse den Alltag der Kinder bereichern können. Längerfristige Termine, die zu Abweichungen führen, werden frühzeitig bekannt gegeben.
**Ungehorsam:** ist ein Tabuwort. Kleine Kinder sind in einem Lernprozess, der vorwiegend im Ausprobieren und Erkunden besteht. Kindern werden zwar Grenzen gesetzt, das Nichteinhalten jedoch nicht als „Ungehorsam" gewertet, sondern als Zeichen für den Erwachsenen, seine Aufgaben konkreter, verständlicher und einsichtig zu formulieren.
**Vertrauen:** ist das Ergebnis eines gemeinsamen Prozesses, in dem die Beteiligten sich gegenseitig zeigen, dass sie verantwortungsbereit am Geschehen mitwirken wollen.
**Weltanschauungen:** In Betreuungseinrichtungen treffen Menschen verschiedener Weltanschauungen und Lebensauffassungen zusammen. Der gegenseitige Respekt ist Handlungsmaxime des demokratischen Miteinanders.
Ein **X** für ein U vormachen: lohnt sich nicht! Probleme und Kritik sollen angesprochen und, auch wenn es mühsam erscheint, im Gespräch gelöst werden.
**Yin und Yang.** Die Auswirkung gegensätzlicher Pole bringt die an der Ku3-Betreuung Beteiligten in Balance. In der asiatischen Philosophie steht Yin für das Weibliche, das Dunkle, die Ruhe, aber auch für Kälte. Das Yang repräsentiert das Männliche, das Helle, das Heiße, Harte und die Aktivität.
**Zusammenarbeit:** Wenn alle Beteiligten dazu bereit sind, kann das gemeinsame Ziel, die Kinder in ein glückliches Leben zu begleiten, gelingen!

## Bildquellenverzeichnis

Fotolia Deutschland, Berlin, © www.fotolia.de: S. 7 © Pavla Zakova; 10 © Hannes Eichinger; 18 © BeTa-Artworks; 21 © drubig-photo; 26 © micromonkey; 35 © Peter Atkins; 36 © Oksana Kuzmina; 61 © doble.d; 65 © kristall; 73 © Oksana Kuzmina; 87 © Elena Stepanova; 91 © velazquez; 100 © Gewoldi; 102/1 © Elena Stepanova; 107 © Irina Schmidt; 109 © bluedesign

Köhn, Birte, Hamburg: S. 72

spiel gut Arbeitsausschuß Kinderspiel+Spielzeug e.V. Ulm: S. 102/2

Verlag Handwerk und Technik GmbH, Hamburg: S. 60 © Awiszus; 94 © Awiszus

# Sachwortverzeichnis